내 길을 나는 잘 가고 있는 걸까?

나를
찾아가는
철학여행

유헌식 지음

북스코프

머리말

얼마 전에 독일을 다녀왔다. 관광보다 여행이 목적이었다. 정해진 일정대로 움직이지 않다 보니 예상치 못한 곤혹스러운 상황을 여러 차례 만났다. 관광은 정해진 길과 일정에 따라 움직이는 데 반해 여행은 스스로 일정을 짜서 자기가 가고 싶은 길을 간다. 관광객은 예기치 못한 불편한 상황을 만나면 불평하기 쉽다. 하지만 여행자에게 예기치 못한 상황은 불편해도 기꺼이 딛고 넘어가야 할 디딤돌이다. 관광은 지식의 확인과 확장에 의지하지만 여행은 여기에 행위의 산출과 성찰을 덧붙인다. 내 삶은 관광이나 소풍이 아니라 여행이고 순례이고 싶다.

"자신의 길 위에서 방황하는 모습이 낯선 길 위에서 바르게 걷고 있는 것보다 훨씬 바람직하다." 괴테의 『빌헬름 마이스터의 수업시대』에 나오는 말이다. 자신의 길을 가는 일은 쉽지 않다. 안내에 따라 낯선 곳을 관광하기는 편하지만 자기 발로 새로운 길을 찾아 여행하기는 불편하다. 그래도 '나의 길'을 흔들거리며 찾아가는 데 따른 보람은 주어진 길을 따라 똑바로 걷는 데에서 얻는 안락보다 더 소중하다.

그렇다고 현실을 무시한 채 이기적이고 이상적인 '내 삶'만을 고집할 수는 없다. 오히려 자기의 길을 갈 때는 현실적으로 가능한 길을 모색해야 한다. 성공과 성숙이라는 두 과제가 내 앞에 놓여 있다. 성공이 가시적인 영역이라면 성숙은 비가시적인 영역이다. 성공과 성숙은 '괜찮은 나'를 지탱하는 두 축이다. 어느 하나도 등한시할 수 없다. 어떻게 '괜찮은 나'에 이를 수 있을까? 이 책은 이러한 문제의식에서 출발한다.

일상의 삶을 영위하면서 나는 다양한 문제 상황에 봉착한다. 혼돈에 빠지기도 하고, 꿈 앞에서 좌절하기도 하며, 타인과 관계에서 실패하기도 하고, 노력을 해도 성과가 미흡하며, 선입견으로 사태를 오판하기도 하고, 욕망에 휘둘려 파국을 맞기도 하며, 사랑에 미쳐 길을 잃고 헤매기도 하고, 시간에 쫓겨 허둥대기도 하며, 자유를 갈구하면서도 자유롭지 못하다. 이 책은 이러한 나의 부조리한 상황을 철학적으로 진단하면서 새로운 출구를 마련하고자 한다.

그런데 내 삶의 문제를 직접 철학으로 풀기는 쉽지 않다. 철학은 '인생론'이 아니다. 실존철학이 삶의 문제를 근원적으로 이해하고 진단하는 데 비교적 용이하게 접근할 수 있지만 내 삶에서 나타나는 다양한 문제 상황에 구체적인 행동 지침을 제시하기엔 역부족이다. 더구나 지금의 내 삶에 새로운 전기를 마련해 방향 전환을 꾀하고자 할 때 철학 일반이 지닌 위대한 힘, 즉 '가짜'를 거부하고 '진짜'를 탐색하는 능력을 실존철학에만 맡길 수 없다. 사태는 실제로 어떻게 되어 있나? 나는 실제로 무엇에 의해 움직일까? 철학은 나의 근거 없는 상상과 막연한 추측을 거부한다.

'진짜'를 향한 철학의 열정은 내 삶을 전체적이고 근본적으로 조명하는 데 크게 기여할 수 있다. 그렇지만 철학적 사유를 내 삶의 문제에 바로 대입할 수 없다는 게 문제다. 형이상학, 논리학, 인식론, 윤리학, 미학 등의 철학 분야는 메타이론으로 일상의 경험적 사안에 직접 상관하지 않는다. 그래서 철학을 '내 삶'에 끌어들이기 위해서는 양자를 잇는 교량이 필요하다. 이 교량을 이 책에서는 문학과 영화 등으로 삼는다. 이들 비철학적인 텍스트들은 내 삶의 해당 주제를 구체적으로 담고 있다. 이를 토대로 철학은 세계와 인간에 대한 보편적이고 추상적인 설명과 이해에서 벗어나 구체성을 띠고 내 삶에 개입하게 된다.

나는 나에 대해 할 일이 있다. 성공과 성숙은 스스로 부여한 책임이고 숙제이다. 그렇다고 성공이 반드시 세속적인 의미의 성공일 필요는 없겠다. 적어도 내가 보기에 '괜찮은 나', '부끄럽지 않은 나'로 세우면 된다. 특별히 내세울 것 없이 평범하게 살면서도 성숙한 시민 의식을 지닌 이들은 이미 성공적인 삶을 살고 있는 것이다. 그런 점에서 성숙은 성공에 선행한다. 나를 세우는 데에서 철학의 객관적이고 총체적인 시각은 내 삶의 좌표와 방향을 설정해 전진하는 데 실질적이고 효율적인 통로를 제시할 것이다.

2018년 10월

유헌식

문제는
나다

'나'는 왜 문제 상황인가?

'나'는 항상 무언가가 일어나고 있는 현장이다. '나'는 살아 숨 쉬면서 부단히 앞(과거)과 뒤(미래)가 이어지고 있는 중심이다. '나'는 어떤 이야기를 지닌 흐름이다. 그런 의미에서 '나'는 하나의 '사건(event)'이다. 사건 일지(사건 파일)와 마찬가지로 '나'도 기록될 만한 행적을 가지고 검토해야 하는 하나의 특별한 현장이자 현상이다.

나에게 현실적으로 시급한 건 '나'다. 어떤 정치·경제적 사건도 나에게는 '나'라는 사건만큼 큰 의미를 지닐 수 없다. 세간을 발칵 뒤집는 사건도 '나'와 연결 고리가 없거나 약하면 나의 관심 범위에서 벗어나 그 의미가 크게 축소된다. 나에게서 '나'라는 사건이 끝나면 다른 사건 역시 종결된다. '나'는 내가 양보하거나 양도할 수 없는 최고의 자산이며 내가 끝까지 책임지고 지켜야 할 최후의 보루다.

'나'는 '너'나 '그' 등과 같은 단순한 호칭이 아니다. '나'는 정확히 말하면 '나의 삶'이다. '나'는 구체적으로 일상생활을 하고 있는 사고와 신체를 아우른다. 그런 의미에서 '나'는 그 자체로 내가 거부할 수 없는 절대적이고 정언적인 목적이다. 누구도 대신할 수 없는 이 '나'를 어떤 상태 혹은 형태로 유지하며 살 것인가? 나는 '어떤 나'로 삶을 영위해야 할까?

내 삶을 내가 사는 것 같은데도 '괜찮은 나'로 사는 길은 순탄치 않다. 헤세(H. Hesse, 1877~1962)는 『데미안』에서 말한다. "내 속에서 솟아나오려는 것, 바로 그것을 나는 살아 보려 했다. 그런데 그것이 왜 그토록 어려웠을까." 단순히 나 하나 먹고 살기도 만만한 일이 아니지만, 자율적이고 성숙한 인간으로 나를 도야(陶冶)하기란 더욱 어려운 일이다. 그래서 헤세는 말한다. "대개는 인간이 되지 못하고, 개구리나 도마뱀 혹은 개미에 머물러 있다. 위는 인간인데 아래는 물고기인 그런 사람도 많다. 그러나 이 모두는 인간을 향해 가려는 자연의 같은 자식들이다." 먹고 사는 문제 그 이상의 과제가 나에게는 주어져 있다. 나는 그냥 주어진 대로 살 수 없다. 나는 무언가 되어야 할 존재이다.

나는 내가 살고 싶은 대로 살 수 없다. 건강하고 즐겁게 웃으며 살기를 바랐지만 정작 내가 던져진 곳은 내가 꿈꾸던 세계가 아니다. 루소(J. J. Rousseau, 1712~1778)는 그의 수상록 『고독한 산책자의 몽상』에서 "우리는 투기장에서 태어나 거기서 죽어서 나온다"고 말한다. 내 삶의 울타리는 그 자체가 살벌한 싸움터다. 죽어서야 비로소 울타리 바깥으로 나올 수 있다. 울타리 안에 있는 동안 나는 치열한 생존경쟁에 시달리며 하루하루 고군분투해야 한다.

가족이라는 보호막 안에 있을 때는 비교적 평화로운 시간을 보낼 수 있다. 하지만 가족 밖으로 나가는 순간 거기에는 나를 노리는 예기치 않은 낯선 것들이 도사리고 있다. 따뜻한 온실에서 벗어나 차가운 야생에서 살아남기 위해서는 온 힘을 다해 뛰어야 한다. 이제야말로 '나'가 문제다. 나를 어떻게 세울 것인가? 나를 어떻게 사회 안에서 실현할 것인가? 어떤 인간으로 나를 만들 것인가? 어떻게 나의 자아를 실현할 것인가? 현재의 내 삶이 불만족스럽다면 그 원인은 무엇이고 그 출구는 어디에서 마련해야 할까?

나의 문제를 왜 철학으로 풀어야 할까?

내가 생각하는 세상과 내가 살아가는 세상은 다르다. 나는 나를 포함한 내 주위의 것들에 대해 특정한 상(이미지)을 만들며 산다. 어떤 식으로든 타자들에 대해 이미지를 만들어야 나는 그것과 관계할 수 있기 때문이다. 그런데 내가 생각하는 대상 혹은 타자의 이미지는 그것의 실제 모습과 같지 않다는 게 문제다. 플라톤이 현상과 본질의 차이를 말한 것도 바로 이 대목과 관련된다.

나는 사태가 실제로 어떻게 진행되는지 알지 못한 채 삶을 살아간다. 헤겔(G. W. F. Hegel, 1770~1831)이 『정신현상학』에서 지적하듯이, "익히 알려진 것은 알려져 있다는 바로 이 이유로 인해 우리는 그것을 알지 못하고 있다." 헤겔은 통상적으로 알려져 있는 것에 붙박여 있는 의식을 '자연적 의식'이라 칭하는데, 이는 다른 말로 통념 혹은 고정관념이라고 부를 수 있다. 자연적 의식에서 탈피해 사태의 실상을 파악하는 작업은 철학적 의식이 짊어져야 할 몫이다. 내가 생각하는 세계와 살아가는 세계의 차이는 현상학자 메를로 퐁티(M. Merleau Ponty, 1908~1961)의 『지각의 현상학』에서도 볼 수 있다. "세계는 내가 생각하는 것이 아니라 그것을 통해 내가 사는 것이다." 삶이 통과하고 있는 세계의 진상을 철학은 밝히고자 한다.

'나는' 살고 있다. 철학은 살고 있는 '나를' 살핀다. 그런 의미에서 철학은 '나'를 주격이 아니라 목적격으로 다룬다. 철학은 사태를 객관적으로 인식하고자 한다. 객관적인 인식의 태도는 내가 사태를 내 뜻대로 파악해 사태의 실상을 왜곡하는 걸 방지할뿐더러 그로 인해 빚어지는 착각과 오해로 인해 내 삶에 대해 잘못 판단하는 길을 차단한다. 사태에 대한 나의 고정관념이 나로 하여금 사태를 실상과 달리 파악하게 하여 결과적으로 삶을 피폐하게 하거나 좌절하게 만든다면 허망하고 억울한 일일 것이다. 철학은 이미 벌어진 비극에 대해 위로의 말을 건네는 무기력한 학문이 아니다. 진리를 탐구한다는 거창한 구호에 기댈 필요도 없이 철학은 사태가 실제로 어떻게 진행되는지를 밝힘으로써 내가 자칫하면 빠질 수 있는 함정에서 나를 구해 주는 구호자 역할을 할 수 있다.

'고정관념에서 벗어나기'는 철학의 목표다. 철학은 사태의 진상(眞相)을 밝히는 학문이다. 그래서 '가짜 문제'로 고민하는 나에게서 벗어나 '진짜 문제'에 접하게 만든다. 내가 일상에서 '문제'라고 생각해 고민하는 숱한 사항들이 철학의 눈으로 보면 사태를 잘못 파악한 데에서 빚어진 가짜 문제라는 사실을 철학은 보여 준다. 내가 진정으로 고민할 가치가 있는 진짜 문제가 무엇인지를 알린다. 철학을 통해 일상에서 벌어지는 사태의 객관적인 흐름을 이해해 내가 버려야 할 문제와 간직해야 할 문제를 구별할 수 있다. '진짜'를 접하면 '가짜'로 되돌아가기는 어렵다. 그리하여 내가 성숙한 인간으로 현재를 진단하고 미래를 계획할 수 있는 길을 철학은 열어 보인다. 철학은 내가 살고 있는 세계의 실상을 깨닫게 하여 부질없는 일에 시간과 물질을 낭비하지 않도록 돕는다.

철학은 주어진 사태를 대상화해 사태를 객관적으로 파악한다. '나'를 찾아가는 철학여행에서도 철학의 이러한 특징을 백분 활용할 것이다. 내가 '인간'인 한에서 철학은 인간의 보편적인 특성을 바탕으로 나의 문제를 진단하고 처방한다. 그리하여 '나'라는 사건이 지닌 이야기의 흐름을 바꿀 수 있는 길을 제안한다. 사태를 객관적으로 파악하는 철학의 힘은 나를 '괜찮은 나'로 전환하는 데 실질적이고 효율적인 길을 제시한다. 사태에 대한 철학의 객관적인 파악은 삶에 내가 새로운 태도로 대처할 수 있는 실현 가능한 길을 열어 보인다. 모든 길이 길은 아니다. 철학은 나에게 비현실적이고 이상적인 길을 제시하는 관념론이 아니라 오히려 현실을 냉정하게 파악해 내가 이상주의로 빠지는 것을 경계하고 현실적으로 길이 아닌 길로 가지 않도록 유도한다.

철학이 '나'에 본격적으로 주목하기 시작한 것은 근대 철학의 아버지라 불리는 데카르트(R. Descartes, 1596~1650)에 이르러서다. 그의 '나는 생각한다(cogito). 그러므로 나는 존재한다'라는 명제는 근대적 주체인 '나(ego)'의 탄생을 알리는 신호탄이었다. 근대적 자아의 발견은 내가 '나'를 객관적으로 바라볼 수 있는 길을 열었다. 내가 나를 의식하고 사유함으로써 '나' 자체를 탐구의 주제로 삼게 되었다. 소위 '자기의식(self-consciousness)'의 영역이 개척된 것이다. 자기의식은 내가 나를 의식하는 존재, 혹은 내가 나를 반성적으로 사유하는 주체적인 존재라는 사실을 일깨웠다. 나의 가상이 아니라 실상을 보기 위해 나를 대상화해 인식하는 자세가 필요하다.

어느 정도 철이 든 사람치고 나를 대상화해 나에 대해 반성하며 살지 않는 사람이 얼마나 될까? 그런데도 왜 삶은 별로 나아지지 않는가? 물론 내 문제 상황을 공동체, 즉 가족이나 사회나 국가에 돌릴 수도 있다. 하지만 삶에 대한 책임 소재를 나에게 둘 경우 나 자신에게 삶에 대한 의무 불이행을 물을 수 있다. 내가 삶을 소홀히 대해 야기되는 고통과 불행에 대한 책임은 온전히 나에게 있다.

내 삶의 실상을 진단하고 파악하기 위해 무엇보다 나를 직시하는 자세가 요구된다. 그런데 내가 나를 가장 가까이 두고 항상 동행하면서도 정작 나를 똑바로 바라볼 기회는 많지 않다. 왜 그럴까? 내가 바라보는 나는 초라하고 빈곤하기 때문이다. 내가 그리는 나의 자화상은 볼품이 없다. 누군들 스스로에 대해 속까지 당당할 수 있을까? 바슐라르(G. Bachelard, 1884~1962)가 『촛불의 미학』에서 적고 있듯이, 인간은 겉으로는 촛불처럼 밝게 빛나도 속으로는 촛농처럼 눈물을 흘린다. 허점 많고 보잘것없는 나를 자신 있게 바라보기가 두려워 고개를 돌린다. 그러면서 '나'에 대해 허상을 만들어 '나'를 기만하려 할 뿐만 아니라 외부에 과시하려 한다.

나의 실상을 인정하지 않고 앞으로 나아가는 길은 열려 있지 않다. 아무리 초라해도 나의 현재를 사랑하지 않고 내가 원하는 미래로 전진할 수 있는 길은 없다. 한 걸음 내딛기 위해서도 내가 서 있는 땅을 분명하게 인정해야 한다. 허공을 박차고 나아갈 수는 없는 노릇이다. 이건 역학적 문제다. 현재를 솔직하게 인정하지 않을 경우, 나는 앞으로 나아가고 있다고 생각하지만 실제로는 제자리걸음을 하고 있을 가능성이 높다. 이 결과는 기존의 초라한 자기의 반복이고 중복이다. 나의 실망스러운 현재를 충분히 사랑해야 나의 미래를 제대로 희망하고 구축할 수 있다. 여기서 철학은 내가 현재를 직시해 삶에서 부딪치는 문제를 진단하고 이것에 현실적으로 대처하는 데 훌륭한 조언자가 될 수 있다.

어떤 태도로 타자를 만나야 할까?

철학이 내 삶의 문제에 개입할 수 있는 지점은 어디인가? 철학이 내가 생각하는 세상이 아니라 내가 살고 있는 세상의 실상을 밝힌다고 할 때, 내 삶의 문제와 관련해 철학이 주목하는 대상은 무엇보다 내가 타자(他者, 내가 아닌 것)와 관계하는 방식 혹은 태도다. 삶에서 부딪치는 다양한 문제들은 결국 나와 타자의 관계에서 비롯하며, 이 타자 관계를 내가 잘못 파악하고 행동하는 데에서 숱한 난관들이 나타난다. 삶의 다양한 사항들을 철학적으로 인식함으로써 타자를 만나는 데 따른 문제점을 집약적으로 검토할 수 있고, 이를 바탕으로 내 삶을 한층 밝고 성숙한 방향으로 이끌 수 있을 것이다.

대상 혹은 타자를 대하는 나의 '태도(attitude)'가 이제 화두로 등장한다. 타자에 대한 태도는 타자의 내용과 구별된다. 나는 타자의 내용에 관여할 수 없다. 태도는 나와 타자를 잇는 다리, 즉 매개자이다. 나를 '괜찮은 나'로 만들고자 할 때, 내가 할 수 있는 일은 타자를 대하는 태도를 변화시키는 일이지 타자의 내용을 바꾸는 일이 아니다. 엄밀히 말하면 타자 그 자체는 내 소관이 아니다. 내 삶의 문제가 궁극적으로 타자 관계에 얽혀 있는 한에서 타자와 관계하는 방식, 타자를 대하는 태도를 점검하는 일이 '괜찮은 나'를 정립하는 데 관건이다.

나는 타자의 내용에 개입할 수는 없지만 내가 타자와 관계하는 방식(태도)에는 관여할 수 있다. 후자만이 내 능력 범위에 속해 있기 때문이다. 내 입장에서 볼 때, 타자가 어떤 존재인가 하는 문제는 근본적으로 내가 타자를 어떤 태도로 볼 것인가에 달려 있다. 미국 프래그머티즘(pragmatism)의 선구자 제임스(W. James, 1842~1910)는 '태도를 바꾸는 것만으로 삶을 바꿀 수 있다'고 말한다. 삶의 문제는 결국 타자에 대한 나의 태도의 문제다. 태도는 타자에 다가가는 통로로서 이 통로의 성격에 따라 타자의 내용도 달라진다. 새로운 나로 거듭나기 위해서 나는 철학의 힘을 빌려 타자와 만나는 방식을 점검할 수 있다.

나는 홀로 존재할 수 없다. 나는 생존과 생활을 위해 나 아닌 것, 즉 타자와 관계를 맺으며 살아야 한다. 나는 나 스스로 닫혀 있는 자족(自足)적 실체가 아니기 때문이다. 나는 타자 관계에 의해 형성되는 장(場) 안에 놓여 있다. 이 '장'은 나의 삶을 가능하게 할뿐더러 삶의 의미를 획득하는 공간이다. 나를 중심으로 다양한 동심원들이 주위에 형성될 때 나는 하나의 자장(磁場) 안에 놓이게 된다. 내가 자장 안에 놓인다고 하지만, 내용에서 보면 이 자장 자체가 곧 '나'다. 내가 맺고 있는 타자 관계들에 의해 형성되는 장을 벗어나 있는 나를 생각할 수 없기 때문이다. 그런 의미에서 나는 부단히 타자와 소통하고 있는 유동적인 울타리다. '나'는 내가 향하고 있는 대상(타자)과의 관계를 떠나 성립할 수 없다. 현상학적으로 볼 때, 나의 사고와 욕구와 행위는 항상 '무언가를 향해 있음'으로써만 그 존재가 보장되기 때문이다.

나와 타자의 관계의 장이 곧 '나'를 구성한다는 생각은 나를 변화시키고 발전시켜 나가는 데 중요한 단서를 제공한다. '나'는 독립적으로 존재하는 실체가 아니고 무언가와 항상 관계하고 있는 '현재 진행형'으로서 타자를 향해 있으면서 타자와 소통하고 있다고 할 때, 그 타자와 어떤 관계를 맺고 있는

지가 곧 '내가 무엇인지'를 결정한다. 통상적으로 일컬어지는 '나'가 타자를 향해 나아가는 원심력과 나를 향해 다가오는 타자들의 구심력이 동시적으로 작동하는 균형점에 '나'라는 유동체가 형성된다. 유동적인 울타리로서의 나는 '잠정적으로 확정'되어 있을 뿐이어서 울타리의 재편성 혹은 재구성은 원칙적으로 항상 가능하다. 여기서 기존의 내가 '새로운 나'로 전환될 수 있는 여지가 생긴다.

그런 한에서 '나'는 굳어진 구조가 아니라 움직이고 있는 과정이며, 이미 확정된 울타리가 아니라 아직 무언가 되기를 꿈꾸는 유연한 울타리다. 따라서 지금 나의 울타리가 허술하고 불만족스럽다면 이제 철학의 힘을 빌려 내실 있고 풍요롭게 고칠 수 있다. 철학을 통해 내가 타자와 만나는 태도 혹은 방식을 진단하고 출구를 찾음으로써 '나'라는 울타리의 성격과 규모를 바꿀 수 있다.

1장

혼돈에서
벗어나기

'나'는 그 자체가 하나의 문제 상황이다. 나의 의지와 상관없이 지구라는 땅에 살도록 던져진 순간부터 세계는 나에게 낯설게 다가온다. 낯섦은 필연이다. 내가 던져진 세계는 내가 만들지 않았기 때문이다. 나는 내가 선택하지 않은 '부모'라는 존재에 의해 그들의 집에서 자의적으로 태어난다. 내가 태어난 순간 부모에게 내가 낯선 만큼 나에게도 부모는 물론 모든 것이 낯설다. 그러므로 출생이라는 사건을 통해 '세상에 던져진 존재'인 나는 낯선 환경에 적응해야 한다는 일차적인 과제를 짊어진다.

혼돈 속에 던져지다

나는 알기 위해 세상에 태어난 게 아니다. 하지만 알지 못하면 세상을 살아갈 수 없다. 그래서 만(Th. Mann, 1875~1955)은 그의 자전적인 단편 『토니오 크뢰거』에서 햄릿을 빌려 다음과 같이 말한다. "인간은 알기 위해 세상에 태어난 것이 아닌데도 알도록 운명 지어졌다." 안다는 것은 나에게 숙명이다.

처음에 나는 무엇을 어떻게 해야 할지 알지 못해 엄마와 주위 사람들의 뜻에 따를 수밖에 없다. 본능적으로 엄마의 젖이나 젖병을 빤다. 생존을 위해 불가피한 몸짓이다. 세상에 태어나면 무얼 먹을지 나는 미리 계획한 적이 없다. 내가 살게 될 세계를 전혀 예상하지 못해 아무것도 예비하지 않았다. 나는 세상에 먼저 나온 이들이 마련해 놓은 것들을 먹을 수밖에 없다. 그래서 철저히 수동적으로 그들의 의지와 계획에 나를 맡긴다. 낯선 환경에 적응하기 위해 필사적으로 그들이 제공하는 물질과 생활양식에 순종한다. 그러면서 처음에 혼미하던 세계는 차츰 나에게 질서의 세계로 바뀌기 시작한다.

내가 낯선 것을 만났을 때 혼란스러운 것은 그것의 정체를 아직 파악하지 못해 혼돈(카오스) 속에 있다는 뜻이다. 혼돈은 미지(未知)의 것에서 어떤 질서(코스모스)를 찾아내지 못한 데에서 비롯한다. '저것은 무엇이지?'라는 의문이 드는 상황은 나로 하여금 혼돈을 겪게 하고, 그 정체가 파악되면 질서를 찾게 된다. 이렇게 말하면 혼돈의 극복 문제가 대단히 거창해 보이지만 일상생활에서 쉽게 접하는 일이다. 비근한 예로 정류장에서 버스를 기다릴 때를 떠올려 보자. '저게 몇 번인가?'

하고 멀리서 오는 버스를 눈여겨볼 때 순간적으로 혼돈을 경험하지만, 버스의 번호를 확인하는 순간 혼돈은 사라진다. 그렇다고 해서 혼돈이 완전히 사라진 것은 아니다. 맞는 번호의 버스를 탔다 해도 내려야 할 정류장의 이름을 모르면 혼돈은 어김없이 다시 내 앞에 나타난다. 버스 노선도를 통해 어디서 내려야 할지를 알아야 한다. 이렇게 파도처럼 하나의 혼돈을 벗어나면 다른 혼돈이 내 삶에 밀려온다. 나는 혼돈을 극복하기도 하고 방치하기도 하면서 다음 단계로 넘어간다.

혼돈의 출현과 그 극복의 문제는 개인의 경우에만 국한되지는 않는다. 인류의 역사에서도 혼돈의 극복은 핵심 과제로 등장한다. 카오스에서 어떻게 벗어날 것인가는 개인과 집단의 공통 관심사가 아닐 수 없다. 혼돈의 극복! 그것은 불가피하게 직면한 문제 상황에 대해 그 해법을 찾아야 하는 인간의 운명이다. 문제 상황(질문)과 해법 발견(답변), 이 둘이 끊임없이 변증법적으로 대화하면서 축적해 온 결과가 오늘날 인류의 현실이다.

역사학자 토인비(A. J. Toynbee, 1989~1975)가 『역사의 연구』에서 제시한 '도전과 응전(challenge and response)' 역시 인류가 낯선 것, 즉 카오스를 어떻게 질서로 전환했는지를 보여준다. 인간의 생존과 보존을 위해 세계는 낯선 것으로 남아 있어서는 안 되었다. 인류는 자신에게 익숙하지 않은 것, 자신이 알지 못하는 것에 질문하면서 어떤 식으로든 답변을 모색한다. 도전과 응전의 관계는 질문과 응답의 변증법인 셈이고 이는 카오스를 코스모스로 전환하고자 하는 인간의 욕구와 결부되어 있다. 자신이 알지 못하는 것을 아는 것으로 전환하는 일은 곧 모호하게 다가오는 무정형(無定形)의 것을 정형(定形)의 것으로 전환하는 작업이기도 했다. 이 작업은 인류의 출현 이래 지금까지 계속되고 있다. 혼돈을 질서로 전환하는 지식 활동을 통해 인간은 낯선 세계에 던져지고도 생존했을 뿐만 아니라 숱한 문명과 문화를 이룩할 수 있었다.

혼돈으로 시작하는 신화

혼돈의 극복 문제가 인류 역사에서 얼마나 중요했는지는 고대 문헌과 신화를 살펴보면 알 수 있다. 인도의 가장 오래된 경전 『리그베다』(BC 1200년경)에는 이렇게 적혀 있다. "그 시대에는 존재도 비존재도 없었다. 대기도 없었고 그 위의 하늘도 없었다. 무엇이 움직일까? 어디에서? 무엇의 힘으로? 물이 있었을까? 깊은 심연이 있었을까? 그 당시에는 죽음도 죽지 않음도 없었고, 낮과 밤도 없었다." 이게 바로 혼돈의 상황이다. 또한 그리스 로마 신화의 기본이 되는 헤시오도스(Hesiodos, BC 700~670년경)의 『신통기(神統記, Theogony)』는 신(神, theo)들이 발생(gony)한 계보를 서술한 신화집인데 이렇게 시작한다. "분명히 처음에 혼돈이 생겨났고 바로 다음에 땅이 생겨났으며 다음에 에로스가 생겨났다." 이러한 서술 뒤에 철·동·금의 시대 그리고 거인족 시대를 거쳐 우라노스—크로노스—제우스로 이어지는 신들의 계보를 그린다. 이 시대의 변화는 그 자체가 혼돈에서 질서로 전환하는 과정이기도 하다.

『성서』에도 이 혼돈의 문제가 전면에 나타나는데 「창세기」는 다음과 같이 시작한다. "태초에 하나님이 천지를 창조하시니라. 그때 그 땅은 형태가 없고 공허했다. 그다음에 흑암이 깊음 위를 덮고, 그때 성령이 수면 위를 움직였다." 하나님이 천지를 창조했을 때 천지는 형태가 없이 텅 비어 있었다는 것이다. 그런데 성령이 물 위를 움직이면서 '빛이 있으라!'라고 말씀하시자 천지가 밝아진다. 여기서 말씀(logos)이 중요하다. 하나님의 말씀, 즉 로고스로 인해 천지는 혼돈에서 벗어나 질서로 전환되기 시작한다. 오비디우스(Ovidius, BC 43~AD 17)의 『변신 이야기』 역시 "태초에는 오직 혼돈만 있었다. 이 혼돈은 형태도 질서도 없는 하나의 덩어리에 지나지 않았다"고 혼돈의 원초적 실상을 묘사하면서 시작하고 있다.

혼돈은 비단 서구의 신화적 사유에서만 등장하는 게 아니다. 한국의 창세 신화 가운데 함흥 지역의 무가(巫歌) 「창세가(創世歌)」에 이런 내용이 나온다. "하늘과 땅이 생길 때 미륵

님이 탄생하니, 하늘과 땅이 서로 붙어 떨어지지 아니하여 하늘은 가마솥의 뚜껑처럼 돋우고 땅은 네 귀퉁이에 구리 기둥을 세웠네." 천지가 처음 시작될 때 하늘과 땅은 서로 엉겨 붙어 있었다. 이 엉겨 붙어 있는 것을 미륵 님이 갈라놓았다. 무엇인지 분간할 수 없게 엉겨 붙어 있는 상태가 곧 카오스다. 구별되지 않는 것을 분리해 구별 혹은 분별을 만들어 냄으로써 카오스는 코스모스로 바뀌게 된다. 앞에서 말한 무정형적인 것이 형태를 띠고 나타나게 된다. 미륵 님의 '갈라놓는' 행위로 천지에 질서가 생긴다. 이러한 이야기는 서구의 신화나 우리의 창세기를 같은 맥락에서 이해할 수 있게 한다. 혼돈이란 단순히 '정체를 알 수 없는 것'이라거나 '복잡해서 속을 알 수 없는 것'이라기보다 '아직 분리되지 않아 정체를 알 수 없는 것'이라고 이해할 수 있다.

여기서 우리는 신화의 출현이 혼돈과 밀접한 관련이 있음을 알 수 있다. 신화는 혼돈을 질서로 전환하고자 하는 인간의 욕구가 발현된 결과물이다. 세계는 왜 이렇게 되었나? 왜 거미라는 게 있나? 수선화는 어떻게 생겨났을까? 강은 왜 있게 된 거지? 세상에 드러난 다양한 형태와 사태는 그 자체로 인간에게는 혼돈스러운 상황이다. 신화는 그것들의 존재 방식에 어떤 특별한 이유가 있을 것으로 판단한다. 그 이유와 의미를 밝히려는 데에서 신화의 다양한 에피소드가 생겨난다. 이 에피소드들은 곧 이해할 수 없는 현상에 질서를 부여하는 행위이기도 하다.

결과에서 원인을 찾다

신화에서 질서 찾기의 방식은 어떤 현상을 먼저 보고 나서 그 이유 혹은 원인을 찾아가는 방식이다. 사건이 일어난 다음 그 사건의 배경과 원인을 찾아간다는 의미에서 '사후(事後, post-factum) 정당화'의 논리를 사용한다고 할 수 있다. 이를테면 꽁무니에서 실을 뽑아내는 거미를 보고 '거미는 어떻게 생겨났을까'라는 의문에 답을 찾는 데에서 거미에 얽힌 신화적 에피소드가 생겨난다.

오비디우스의 『변신 이야기』의 원제 'Metamorphoses'는 '형태의 변화'라는 뜻이다. 형태의 변화는 'A가 B가 되다'라는 사건을 함축한다. 예를 들어 '거미'의 유래에 대해 『변신 이야기』는 다음과 같이 설명한다. 신화의 시대 그리스에 아라크네는 베 짜기의 달인으로 명성이 자자했다. 이 여인은 베 짜기에서 자기를 당할 자는 없다고 호언장담했는데, 이 소문을 들은 아테네 여신의 제안으로 베 짜기 시합이 이루어진다. 아라크네는 아테네와 우열을 가릴 수 없을 만큼 훌륭하게 베를 짰으나 신들의 비행(非行)을 폭로하는 장면을 그려 영원히 꽁무니에서 실을 자으며 사는 거미로 변하게 된다. 이렇듯 신화는

'거미'라는 결과를 '알 수 없는 혼돈'으로 보고 그 원인을 찾아 설명함으로써 인간의 인식 체계 안에 '알 수 있는 질서'를 부여한다.

그렇다고 신화의 질서 찾기가 『변신 이야기』와 같이 '형태의 변화'에 근거해서만 이루어지는 것은 아니다. 앞서 언급한 「창세가」에는 미륵과 생쥐에 얽힌 재미난 일화가 나온다. 미륵이 하루는 생쥐를 불러서 이렇게 묻는다. "물과 불이 어떻게 생겨났는지 너는 아느냐?" 그랬더니 생쥐가 "그걸 내가 가르쳐 주면 당신은 나에게 어떤 보답을 하겠느냐?"고 되묻는다. 그러자 미륵은 생쥐에게 그걸 알아맞히면 뒤주를 담당할 수 있는 권리를 주겠다고 한다. 여기서 생쥐의 답이 무엇이었는지는 중요치 않다. 아무튼 답을 맞힌 생쥐는 뒤주에 대한 권한을 갖는다. 마음대로 뒤주에 들락거릴 수 있게 된 것이다. 생쥐가 뒤주의 쌀을 축내는 이유를 신화는 이렇게 희화적으로 정당화하기도 한다. 이처럼 비단 동물뿐만 아니라 식물을 포함해 강과 산 그리고 인간의 감정에 이르기까지 인간 세상의 모든 현상에 대해 신화는 비록 상상이지만 스스로 납득할 만한 설명을 제시한다.

'결과에서 원인 찾기'는 신화적 사유만의 고유한 추론 방식은 아니다. 사후 정당화의 논리는 모든 학문이 일반적으로 수행하고 있는 기본 탐구 방식이다. 자연과학을 비롯해 경험적 사실을 중시하는 철학과 심리학도 동일한 방식으로 주어진 현상에 대해 설득력 있는 답변을 제시한다. 내가 나를 찾아가는 과정에서 부딪치는 '나는 누구인가?' 혹은 '나는 무엇인가?' 하는 문제 또한 '사후 정당화의 논리'로 답할 수 있다. 나에 관한 모든 설명과 이해는 내가 표현한 결과를 통하지 않고서 진행될 수 없다. 내 생각과 행동이 빚어낸 표현 혹은 '결과'를 보고 내가 무엇인지 역으로 추론할 수 있다. 결과로 드러난 나의 현재를 재료로 삼아 그 원인을 따져 들어가는 방식은 경험적으로 확인되는 사실을 토대로 그것이 가능할 수밖에 없는 조건과 원리를 추론하는 학문 일반의 탐구 방식과 같다.

지식과 권력

혼돈을 질서로 전환하려는 시도는 신화에서 드러나듯이 인간이 혼돈으로 다가오는 대상을 이해하고자 하는 욕구에서 비롯한다. 설명해 이해하는 행위는 지식(knowledge)의 영역에 속한다. 대상이 무엇인지 아는 일은 '세계에 던져진 존재'인 인간에게 숙명처럼 주어진다. 자기 주위의 세계를 모르면 그 안에서 살아갈 수 없다. 그것이 무엇인지 알아야 안심하고 그것과 반복적으로 관계하며 생명을 유지하고 생활을 영위할 수 있기 때문이다. 그래서 인류는 자신에게 낯선 것, 즉 타자의 정체를 파악해 자신에게 유리하게 작용하도록 조치했다.

타자가 무엇인지 '알아야' 그것과 어떤 관계를 맺을지, 이를테면 친구로 지낼지 혹은 적으로 대할지 결정할 수 있다. 나에게 낯선 타자를 익숙한 타자로 전환하는 활동의 결과로 '지식'이 생겨난다.

무언가를 안다는 것은 곧 내가 알지 못하는 것, 즉 타자를 술어화하는 행위이다. 이러한 인식 활동은 'X is p'로 기호화할 수 있다. 'X'는 익명 혹은 미지의 어떤 것이고, 'p'는 영어 'predicate(술어)'의 머리글자다. 이는 모르는 대상을 아는 대상으로 바꾸는 행위, 즉 인식 활동을 가리킨다. 그것이 무엇인지 안다는 것은 타자를 내가 이해할 수 있는 영역으로 끌어들이는 행위이고, 지식이란 그 행위의 결과다. 신화의 에피소드들도 당대인들이 타자를 이해하기 위해 고안해 낸 인식 활동의 산물이다. 바로 여기에 인간 '사유(思惟, thinking)'의 특성 혹은 강점이 있다. 사유는 타자를 내가 이해할 수 있는 지식으로 만드는 데 일등공신이기 때문이다.

'아는 것이 힘이다(scientia est potentia).' 영국의 경험주의 철학자 베이컨(F. Bacon, 1561~1626)의 말이다. 인간에게 낯설게 다가오는 타자를 실험과 관찰을 통해 귀납적으로 일반화해 그 지식을 유용하게 사용할 수 있어야 인류의 생존과 문명의 발전이 보장될 수 있다고 베이컨은 주장한다. 마텔(Y. Martel, 1963~)의 소설『파이 이야기』에서 파이가 망망대해의 작은 배에 벵골호랑이와 함께 있으면서도 생명을 보존할 수 있었던 이유는 파이가 사육사였던 아버지에게서 맹수 다루는 법, 곧 지식을 전수받은 덕분이었다. 벵골호랑이에 대한 지식이 그 위험한 동물과 대해를 표류하면서도 생명을 부지할 수 있었던 힘을 제공한 것이다.

지식을 소유한 자는 지식의 대상에 대해서뿐만 아니라 지식을 소유하지 않은 자 위에 군림해 자기 밑에 종속시킨다. 디포(D. Defoe, 1660~1731)의 소설 『로빈슨 크루소』에서 로빈슨이 토착민 프라이데이를 노예처럼 부릴 수 있었던 이유도 로빈슨은 자기가 소유한 총의 기능과 사용법을 아는 데 반해 프라이데이는 그것을 몰랐기 때문이다. 총에 대한 지식을 가진 로빈슨은 그 지식이 없는 프라이데이에게 지식을 가진 자의 힘을 행사할 수 있었다. 지식 소유의 불균형에 따른 지배·예속 관계를 보여 준다.

지식을 가진 자가 지식을 갖지 않은 자에 대해 힘(권력)을 행사하기 때문에 인간관계에서 힘의 우위를 점하려는 자는 상대방에게 자신은 드러내지 않으면서 상대방을 알고자 하는 전략을 구사하곤 한다. '일방투시 거울'은 이러한 인간 심리에서 착안해 낸 산물이다. 경찰이 용의자를 심문하기 위해 취조실에 설치한 반(半)거울이나, 경호원의 검은색 선글라스가 그 예에 속한다. 국가 사이에 벌어지는 첩보전도 상대국 관련 지식을 확보해 권력 관계에서 우위를 차지하려는 노력의 일환이다.

아는 것이 힘이라는 말은 타자에 대한 지식에만 국한되지 않는다. 『손자병법(孫子兵法)』의 「모공(謨功)」편에 "상대를 알고 나를 알면 백 번을 싸워도 위태롭지 않다[知彼知己 百戰不殆]"는 말이 전한다. 또한 상대를 모르고 나만 알면 한 번은 이기고 한 번은 패하며, 상대를 모르고 나도 모르면 매번 싸움에서 반드시 위험에 빠질 것이라고 경계한다. 『손자병법』은 타자뿐만 아니라 자기에 대한 지식도 얼마나 중요한지 설파하고 있다.

혼돈의 극복과 학문의 출현

지식이 모여 체계를 갖추면 '학문'이 된다. 독일어로 학문을 'Wissenschaft'라 하는데 이는 'Wissen', 즉 '지식'의 집합체를 뜻한다. 학문에는 다양한 영역이 있다. 자연과학, 사회과학, 인문학에 각각 속하는 수학, 물리학, 생물학, 의학과 정치학, 경제학, 법학 그리고 철학, 미학 등이 있는데, 보면 '학'이라는 말이 붙어 다닌다. '학'은 해당 분야의 지식이 모여 체계를 이룰 때 사용하는 접미사다. 이 접미사를 붙이려면 해당 분야는 자신이 대상으로 삼은 영역에서 혼돈으로 다가오는 현상을 질서로 전환하는 지적 활동을 통해 지식의 개념적 체계를 산출해야 한다. 만일 이들 각 분야의 노력이 개념적으로 체계화되지 않고 산발적인 지식의 집적에 멈춘다면 우리는 그것을 '학'이라고 부를 수 없다.

대상(타자)에서 질서를 찾고자 하는 모든 지적 활동의 결과물은 보통 '법칙(law)'이나 '이론(theory)'으로 불린다. 자연과학이나 사회과학에서 법칙을 발견한다는 것은 겉으로 혼란스럽게 보이는 대상 속에 감춰진 질서를 드러내는 일이다. 예를 들어 시장에서 물건을 사고파는 행위는 겉으로는 무질서하고 산만해 보여도 그 속에는 눈에 보이지 않은 일정한 질서, 즉 수요공급의 법칙이 작동하고 있다는 사실을 경제학자들은 밝혀낸다. 또한 하늘에서 비가 내리는 현상과 사과나무에서 사과가 떨어지는 현상은 서로 다른 것처럼 보여도 여기에는 공통으로 만유인력의 법칙이 작용하고 있다는 사실을 물리학자는 밝혀낸다. 이렇듯 혼돈으로 나타나는 현상의 배후에서 작동하는 질서를 찾아 지식으로 전환하며 인류는 오늘날에 이르렀다.

혼돈을 질서로 전환한 결과로서 지식과 학문이 성립되면서 인류는 미래를 예측해 대비하고 통제할 수 있게 되었다. 고대 이집트에서는 나일강의 빈번한 범람을 막기 위해 천체관측술과 측량술이 발전했다. 그리고 이를 바탕으로 천문학과 기하학이 출현하면서 그 기술은 다른 영역에까지 원용되어 자연재해에 대비하고 인류의 미래를 개척하는 데 기여하게 된다.

인간적 질서의 한계

혼돈을 질서화함으로써 인간은 문명 또는 문화를 창출했다. 문명·문화의 창출을 위해 인간이 먼저 극복해야 할 대상은 '자연'이었다. 자연의 도전을 극복하지 못하면 인간의 생존이 위태롭기 때문이다. 인간은 자신이 파악한 자연의 정체를 'p'라고 규정한다. 그런데 인간의 술어화에 대해 자연은 '그렇다(yes)' 또는 '아니다(no)'라고만 답할 뿐, '나는 ~이다'라고 자신을 드러내는 법이 없다. 자연은 인간의 사고와 언어에 부합하는 코드를 갖고 있지 않기 때문이다. 그래서 문명·문화의 발전 과정은 자연이 서서히 더 큰 소리로 '그렇다'라고 응답할 수 있는 술어를 찾는 과정이기도 하다.

하지만 자연은 인간이 찾거나 만들어 낸 질서에 순순히 편입되지 않는다. 인간이 혼돈으로 다가오는 자연(X)에 대해 '너는 p다'라고 술어화해도 그것은 어디까지나 인간의 희망사항일 뿐, 그 p가 X 자체에 딱 들어맞는다고 X가 인정한 게 아닐뿐더러 경우에 따라 X는 인간이 규정한 p에 저항하기도 한다. 인간의 눈에 혼돈처럼 보이는 자연은 인간의 의지나 계획과 상관없이 그 자체로 독자적 운동 원리를 지닌 채 인간에 맞선다.

인간이 자연에 잘못된 코드를 적용하면 자연은 인간의 손길을 건디다 못해 스스로 와해되기도 한다. 고대 중국의 철학자 장자(莊子, BC 369~289경)가 쓴 『장자』의 「응제왕(應帝王)」편에 이런 우화가 나온다. 남해의 왕 숙(儵)과 북해의 왕 홀(忽)은 친구로서 자주 중앙의 왕 혼돈(混沌)의 땅에서 만났는데, 그때마다 혼돈이 융숭하게 대접해 주자 숙과 홀은 그 대가로 혼돈에게 선물을 주기로 약속한다. 숙과 홀은 혼돈이 자신들과 달리 몸통에 구멍이 하나도 없으니 구멍을 뚫어 주자고 합의한 뒤 매일 한 개씩 7일에 걸쳐 이목구비에 해당하는 7개의 구멍을 뚫어 준다. 그런데 마지막 구멍을 뚫는 순간 혼돈은 죽고 만다. 인간에게 질서로 보이는 것이 '자연'인 혼돈에게는 무질서였던 것이다. 인간이 만든 질서에 자연을 편입시키면 자연은 질식한다. 타자로서의 자연은 인간의 합리적 사고와 논리 안에 갇히지 않는 경우가 허다하다. 숙과 홀에게 혼돈이 '혼돈'으로 보였더라도 혼돈에게는 자신이 혼돈스럽지 않았던 것이다. 자연이 인간에게 무질서해 보인다고 해서 자연 자체가 무질서한 것은 아니라는 말이다. 무질서 안에도 나름의 질서가 있지만 인간은 그것을 알지 못할 따름이다.

이처럼 '혼돈 속의 질서 찾기'라는 노력은 때로 자연의 저항에 부딪힌다. 문제는 인간이 찾은 질서에 한계가 있다는 데 그치지 않는다. 인간이 혼돈에서 질서를 찾아 이를 기술로 활용함으로써 세계 안에서 생존할 수 있는 길을 모색하기는 하지만, 이를 통해 획득된 질서가 인간에게 유리하게만 작동하지 않는다는 것이다. 인간이 자신들의 편익을 위해 찾아낸 질서를 과도하게 사용하면 오히려 치명적인 피해를 입게 된다. 하이데거(M. Heidegger, 1889~1976)는 『기술과 전향』이란 책에서 인간이 지식과 기술을 수단으로 자연을 지나치게 '닦달(Gestell)'해 몰아세우면, 자연은 과부하가 걸려 자연의 본래 상태에서 벗어나 인간이 예측할 수 없는 비극적인 결과를 초래할 수 있다고 경고한다. 인간의 복리를 위해 애초 자연에 주어진 능력 이상으로 생산하도록 강제할 경우 자연은 정상 궤도를 이탈하게 된다. 인간이 발견하거나 계발한 방법을 타자인 자연에 무리하게 적용하면 그에 따른 폐해를 인간은 고스란히 돌려받는다. 자연의 사전에는 관용과 용서라는 단어가 없다. 가까운 예로 닭이 달걀을 더 많이 낳게 하려고 밤에도 닭장에 불을 환히 켜 놓으면 생산량은 증가하더라도 달걀에는 변형과 이상이 발생할 수 있다. 또한 인간의 필요로 나무를 베어 낼 수는 있지만 지나친 벌목은 산사태를 일으켜 끔찍한 재앙을 초래하지 않는가.

인류는 출발에서부터 지금까지 혼돈을 질서로 전환하는 데 노력을 기울여 왔다. 이러한 노력이 없었던들 인류의 존속은 기약할 수 없었을 것이다. 그런 의미에서 모든 현실은 인류가 당대에 구축한 지식과 기술을 통해 자신에게 닥친 혼돈을 극복한 결과이다. 그렇다고 해서 혼돈이 깔끔하게 제거될 수는 없다. 혼돈은 철저하게 인간적인 현상이다. 어떤 것이 혼란스러운 이유는 그것 자체가 혼돈이어서가 아니라 인간에게 혼돈으로 다가오기 때문이다. 따라서 그것에 대한 인간의 규정이 일시적 질서를 가져다준다 해도 이 질서는 어디까지나 당대에 도달한 인류의 지적 수준에 부합하는 한계 보유적 질서에 지나지 않는다. 인간에게 정체불명자인 혼돈을 인간이 고유의 지식과 방식으로 자기 것으로 삼아 극복하려 해도, 혼돈의 대상 자체가 인간의 욕구와 의지에서 비롯한 것이 아닌 한 인간의 자기동일화(自己同一化) 논리 안에 포섭되지 않는 잉여가 항상 생겨나기 마련이다.

하지만 혼돈이 인간의 의지 밖에 독자적인 영역을 확보하고 있다는 사실을 부정적으로만 볼 일이 아니다. 인간이 혼돈을 극복함으로써 자신을 보존, 유지해 왔다는 점에서 혼돈은 새로운 길을 개척하는 데 필수적인 요소이기도 하다. 과학철학자 쿤(Th. Kuhn, 1922~1996)은 『과학혁명의 구조』에서 과학적 패러다임의 변화를 언급하면서, 기존 패러다임(정상과학)에서 새로운 패러다임(정상과학)으로 전환하는 과도기 단계를 '정상에서 벗어난 상태[anomaly]'라 부른다. 이 상태에서는 어느 패러다임으로도 환원되지 않는 변칙과 혼란이 지배한다. 이러한 이상(異常) 상태는 일종의 '뜸 들이는 시기'로 기존의 패러다임이 새로운 패러다임으로 전환하는 데 불가피하지만 생산적이기도 하다. 혼돈 상태는 새로운 질서의 출현을 낳는 산실이기 때문이다.

러시아의 대문호 도스토옙스키(F. Dostoevskii, 1821~1881)의 소설『죄와 벌』에도 혼돈 상태의 생산성을 언급하는 부분이 있다. 주인공 라스콜니코프는 전당포 노파를 살해한 뒤 자신의 범행을 정당화하는 대목에서 역사의 진행과 관련해 인간을 두 부류로 구별한다. 한 부류는 기존의 질서를 수호하려는 물리적인 사람들이고, 다른 한 부류는 기존 질서를 파괴하려는 정신적인 사람들이다. 물론 정신적인 사람들의 질서 파괴 행위를 옹호하는 그의 주장이 법적으로나 도덕적으로 살인을 정당화할 수는 없다. 어떤 이유를 대도 살인은 살인이다. 그렇지만 역사철학의 맥락에서만 보면 그의 설명은 일리가 있다. 기존 질서가 무너지고 새로운 질서가 출현하기 위해서 누군가는 기존의 제도나 관행에서 볼 때 용납될 수 없는 비도덕적인 사고와 행위를 무릅써야 한다. 그렇지 않으면 새로운 방향으로 역사의 물꼬를 틀 수 없다. 기존의 틀을 깨는 시도가 성공할 경우 일시적인 무질서와 혼란은 새로운 질서를 낳기 위해 불가피했던 시기로 정당화되어 긍정적으로 평가된다. 새로운 사회로의 진입 그리고 새로운 나의 출현을 위해 과도 기적 고통과 혼란을 견뎌야 하는 이유가 여기에 있다.

혼돈으로 인해 인간은 현재의 질곡에서 벗어나 미지의 영역을 개척할 수 있고 그로 인해 자유와 발전을 꿈꿀 수 있다. 지금 이 상태가 최선이 아닌 한 혼돈의 출현은 불가피하며 오히려 환영할 만한 일이다. 따라서 혼돈은 그 자체로 문제가 되지 않는다. 다만 혼돈을 어떻게 발전적이고 생산적인 방향으로 유도할 것인지가 항상 관건이다. 그러므로 혼란스러운 상황에 접했을 때 그것을 거부하기보다는 그 상황 속에서 어떻게 새로운 질서를 발견하거나 창출할 것인지를 숙고할 일이다.

이러한 사정이 인류적 차원에만 해당하는 것은 아니다. 개인도 마찬가지다. 내가 지금 처해 있는 혼란과 방황과 번민은 그 자체로 존귀하다. 이러한 혼돈의 상태를 거치지 않고 내가 원하는 참다운 내가 될 수 없기 때문이다. 혼란한 상황을 견디기가 비록 힘들고 버겁지만 나의 길을 찾기 위해서는 불가피한 과도기다. 혼란이 싫다고 혼란에서 고개를 돌리는 건 비겁하다. 혼란에서 벗어나기 위해서는 혼란 속으로 확실히 들어가야 한다. 나를 혼란스럽게 하는 것의 정체는 무엇인가? 이 혼란에서 벗어날 수 있는 길은 어디에 있나? 북유럽 신화의 지크프리트 장군이 괴물을 무찌르기 위해 괴물이 사는 어두운 동굴에 들어가 맞서 싸웠듯이, 나에게 닥친 혼란을 극복하기 위해서는 혼란과 당당히 마주할 수 있어야 한다. 그럼으로써 혼란 속에 드리워진 질서를 찾아 읽을 수 있어야 한다. 그렇게 해야만 비로소 나는 혼란에서 자유로워질 수 있다. 혼돈 속 질서를 찾는 일이야말로 혼돈을 극복하는 지름길이고 이를 바탕으로 새로운 나, 성숙한 나로 한 걸음 더 다가서게 되는 길이다. 나에게 주어진 혼돈과 혼란을 보듬고 사랑할 일이다.

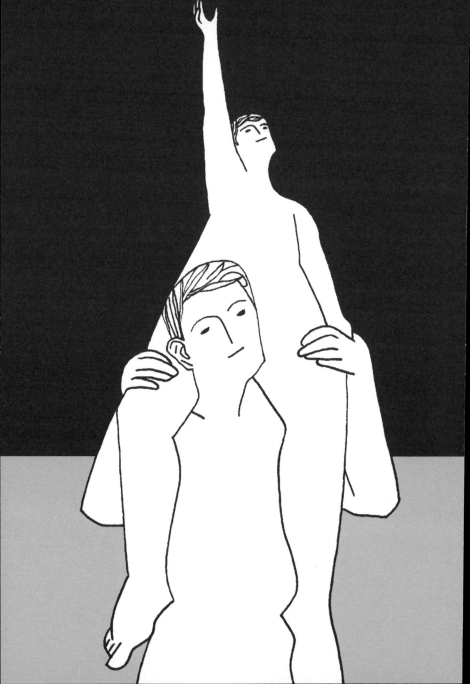

2장

나의 신화를
찾아서

자연을 포함한 모든 타자는 내가 만든 것이 아니다. 오히려 내가 결정하지 않은 사항들 속에서 나는 살고 있다. 그런 한에서 혼돈은 불가피하며 나는 내 삶을 살아가는 동안 나에게 출현하는 이 혼돈에 어떻게 맞설 것인지 숙고하지 않을 수 없다. 세계의 혼돈 전체를 내가 책임질 수는 없지만 적어도 나에게 다가오는 혼돈만큼은 극복해 나의 성장(성숙)을 위한 질서로 전환해야 할 의무가 있다. 그렇게 하지 않으면 나는 길을 잃고 헤맬 뿐만 아니라 새로운 나를 만날 수 없다. 다른 누구에게가 아니라 '현재 살아 숨 쉬고 있는 나'에게 가능한 새로운 길을 모색해야 한다. 혼돈의 덤불 속에서 '나만의 길'을 찾아야만 내 삶을 살 수 있다. 혼돈은 새로운 나로 거듭나기 위해 불가피하게 거쳐야 할 타자로서 극복해야 할 대상이다. 그런 점에서 내가 새로워지는 데 혼돈은 필요악이다.

혼돈을 극복하려면 나는 그에 따른 고통을 감수해야만 한다. 하지만 나는 편안하고 안락한 게 좋다. 나뿐만 아니라 모든 존재는 신체적으로 편안한 상태를 원하며 새로운 변화로 인한 번잡함과 귀찮음을 감수하려 하지 않는다. 그 점에서 생명을 가진 존재들은 본능적으로 변화를 싫어하는 고양이의 성격을 띤 보수주의자다. 야생에서 춥게 사는 것보다 온실에서 따뜻하게 살고 싶다. 나는 변화가 두렵다. 변화도 좋지만 변화가 없는 삶도 괜찮지 않은가? 힘든 길을 헤쳐 가느라 지치고 피곤한 삶을 사느니 차라리 그냥 현재의 세속적인 삶에 만족하며 사는 게 낫지 않을까? 남들의 장단에 맞춰 소시민적으로 사는 삶 역시 하나의 삶이 아닌가?

변화에 저항하는 나

이런 질문과 관련해 코엘료(P. Coelho, 1947~)는 『베로니카, 죽기로 결심하다』에서 중요한 실마리를 제공한다. 20대 중반의 아름다운 베로니카는 괜찮은 직장에서 아무 탈 없이 일상생활을 영위한다. 그러던 어느 날 그녀는 자신의 반복적인 일상을 돌이켜보고 자신의 미래가 훤히 예상된다는 사실을 깨닫는다. 아침에 일어나 출근해서 회사에서 일하고 퇴근하며 슈퍼에 들러 몇 가지 필요한 물건을 사고 같은 길을 따라 집에 돌아와서는 저녁을 먹고 좋아하는 TV 프로를 보다가 잠을

잔다. 이러한 생활 리듬은 바뀔 것 같지도 않고 바꾸고 싶지도 않다. 그렇다면, 이렇게 뻔히 예상되는 삶을 계속 살 필요가 있을까? 생활에 변화를 원하지 않는다면, 나는 나이 들어 죽으나 지금 죽으나 별반 차이가 없을 것이다. 이렇게 생각한 베로니카는 죽기로 결심하고 수면제를 삼켜 자살을 기도한다. 그런데 자살 기도가 미수에 그치자 결국 정신병원에 수용되어 생활하면서 거기에서 만난 사람들과 대화하는 과정에서 새로운 삶의 길을 찾는다.

베로니카는 정신병원에서 자신의 삶을 되돌아보기 시작한다. 그녀는 스스로 묻는다. "지금까지 무엇을 하느라 내 에너지를 소비한 거지? 그것도 내 삶에 아무런 변화도 일어나지 않게 하느라고." 어린 시절 그녀의 꿈은 피아니스트였다. 그런데 피아니스트의 길은 힘들고 불확실하다는 엄마의 충고와 강압에 못 이겨 안정적인 직장을 택했다. 베로니카는 뒤늦게 후회한다. 문제는 자신이 피아니스트의 길을 가지 않은 것이 반드시 엄마 탓만은 아니라는 사실이다. 안정된 직장인으로 생활하는 데 만족해 새로운 길을 모색하지 않은 것은 전적으로 그녀의 책임이다.

사실 변화에만 힘이 필요한 게 아니라 변화하지 않는 데에도 힘이 필요하다. 새로운 삶을 위해 변화를 시도하는 데뿐만 아니라 변화 없는 반복적인 삶을 유지하는 데도 에너지가 필요하다. 베로니카는 지루하고 반복적인 일상을 유지하기 위해 자신도 모르게 노력을 기울여 왔던 것이다.

책임은 나에게 있다. 삶을 좀 더 나은 방향으로 이끌고자 변화를 꾀한다고 할 때 내 주위의 누구도 반대하거나 제동을 걸지 않는다. 변화를 두려워하고 변화에 따른 고통을 피하고자 한 것은 나다. 베로니카의 경우에서 보듯이 변화의 원동력은 타인이 아니라 나에게서 비롯한다. 더 나은 방향으로 변화하고자 하는 내 의지에 저항하는 것은 아무도 없다. 다만 나자신이 나의 변화에 제동을 걸고 있을 뿐이다. 나는 변하고 싶지 않다. 나는 익숙한 삶에 안주해 일상생활을 계속 유지하는 데 삶의 에너지를 소모한다. 삶에 변화를 꾀할 수 있는 주체인 내가 변화에 저항하는 한 내 삶에는 아무런 변화도 일어나지 않는다. 내가 사용할 수 있는 삶의 에너지가 일정량을 유지한다고 할 때, 나는 그 에너지를 변화를 위해서가 아니라 변화하지 않는 데 소비한다. 나의 변화에 발목을 잡고 있는 자는 바로 나다.

자아의 신화

그저 나에게 주어진 현재 상황에 충실하게 하루하루를 살아가는 삶에 나는 과연 만족해도 좋은가? 내가 진정으로 바라는 목표를 달성하는 데 따른 고통을 감수해야만 내가 원하는 내가 될 수 있지 않은가? 현재의 내 삶을 더 나은 방향으로 변화시키기 위해 요구되는 긴장과 노고를 회피한다면 나는 결코 나 자신에게 당당할 수 없다. 나에게는 '내 삶'을 채워야 할, '내 이야기'를 해야 할 의무가 있다. 헤세는 『데미안』에서 이렇게 말한다.

> 한 사람 한 사람은 그저 그 자신일 뿐만 아니라 일회적이고, 아주 특별하고, 어떤 경우에도 중요하며 주목할 만한 존재이다.……한 사람 한 사람의 이야기가 중요하고, 영원하고, 신성한 것이다.……한 사람 한 사람의 삶은 자기 자신에게로 이르는 길이다. (전영애 옮김, 민음사, 2015, 8쪽)

지금의 편안함이 일시적으로는 나를 살리는 약이 될 수 있지만 장기적으로는 독이 될 수도 있다. 온실에 잠시 머물 수는 있지만 이내 온실을 떠날 수 있어야 한다. 온실의 안락과 평안을 위해서라도 온실 밖 야전(야생)의 삶을 살 수 있어야 한다. 삶의 진면목은 온실이 아니라 야생에서 펼쳐진다. 야생에 비하면 온실은 무한히 협소하고 가식적이다. 온실에서는 생명력을 말할 수 없고 창의력을 논할 수 없다. 야생에서 살아남아야 참으로 사는 것이다. 온실에 안주하는 삶은 존재와 생명에 대한 배반이다. 나는 지금과는 다른 새로운 존재로 거듭나야 한다. '나'는 태어날 때 완성된 존재가 아니다. 니체(F. Nietzsche, 1844~1900)가 『차라투스트라는 이렇게 말했다』에서 말하듯이, "인간은 극복되어야만 할 어떤 것이다." 나는 지금 이 상태에 만족할 수 없다.

코엘료의 『연금술사』에서 주인공 산티아고는 온실을 떠나 야생으로 나가 자신의 꿈을 실현한 인물이다. 신부가 되어 보 잘것없는 집안의 자랑이 되어 주기를 바라는 부모 때문에 그 는 열여섯 살 때까지 신학교를 다녔다. 하지만 "그는 더 넓은 세상을 알고 싶었다. 그것은 신이나 인류의 죄악에 대해 아는 것보다 중요한 일 같았다." 신부가 되는 대신에 양치기가 되 겠다며 길을 떠나는 그에게 아버지는 축복을 빌어 준다. "소 년은 아버지의 눈을 보고 알 수 있었다. 그 역시 세상을 떠돌 고 싶어 한다는 걸. 물과 음식, 그리고 밤마다 몸을 누일 수 있는 안락한 공간 때문에 가슴속에 묻어 버려야 했던, 그러나 수십 년 세월에도 한결같이 남아 있는 그 마음을." 소년의 아 버지는 변화에 수반되는 혼란과 고통이 두려워 안락한 삶을 선택했지만 소년 산티아고는 자신의 삶을 변화시키기 위해 기꺼이 안락함을 포기한다.

『연금술사』는 책 읽기를 좋아하는 양치기 소년 산티아고가 '자아의 신화(personal legend)'를 이루어 내는 여정을 그린 이 야기다. 산티아고는 알 수 없는 힘이 자신을 이집트의 피라미

드로 데려가는 꿈을 연속해서 꾼다. 그는 그 꿈을 실현하기 위해 긴 여행길에 오른다. 산티아고는 긴 여정에서 집시 여인과 늙은 왕을 만나고, 도둑을 만나 빈털터리가 되기도 하며, 사랑하는 여인을 만나기도 하고 사막에서 죽음의 문 앞에 이르기도 한다. 그 길에서 현실에 안주하고 싶은 유혹에 이끌리지만, 꿈을 계속 좇아가라는 연금술사의 충고에 따라 마침내 '자신의 보물'을 찾게 된다.

사람들은 보물이 있다고 믿지 않는다. 산다는 건 '쓰다[苦]'고 말하기도 한다. 세상은 요지경 속이어서 귀한 것을 찾는 일은 어차피 수포로 돌아갈 거라고 수군거린다. 그래서『연금술사』는 말한다.

지상의 모든 인간에게는 그를 기다리는 보물이 있어. 그런데 우리들, 인간의 마음은 그 보물에 대해서는 거의 얘기하지 않아. 사람들이 보물을 더 이상 찾으려 하지 않으니까 말이야.……불행히도, 자기 앞에 그려진 자아의 신화와 행복의 길을 따라가는 사람은 거의 없어. 사람들 대부분은 이 세상을 험난한 그 무엇이라고 생각하지. 그리고 바로 그 때문에 세상은 험난한 것으로 변하는 거야. 그래서 우리들 마음은 사람들에게 점점 낮은 소리로 말하지. (최정수 옮김, 문학동네, 2010, 213~214쪽)

우리는 모두 '자아의 신화'를 이루어 내야 한다. 소설에 나오는 살렘의 왕이 말한 대로 자아의 신화는 이 세상 모든 사람에게 부과된 유일한 의무다. 그런데도 우리는 보물을 찾기 위해 감수해야 할 고통이 두려워 현재에 안주한 채로 자신들의 게으름을 합리화한다. 힘든 세상 대충 살다 가면 된다고 서로를 위로하며 사라져 간다. 보물찾기를 포기한 이들은 삶이 험난하다고만 생각한다. 그러면서 하루하루 적당히 작은 현실들과 타협하고 그것들에 자기를 양보하며 살다가 사라진다.

납이 금이 되고자 하는 절실함

산티아고는 어떻게 자신의 보물을 찾아 자아의 신화를 실현할 수 있었을까? 보물은 대체 어디에 있었을까? 『연금술사』는 제목 자체가 많은 것을 함축하고 있다. 연금술은 금이 아닌 금속을 금으로 만드는 기술이다. 금은 화학적으로 안정된 속성 때문에 변하지 않아 귀한 금속으로 여겨졌지만 구하기 어려웠다. 그래서 화학반응을 통해 다른 금속을 금으로 만들려는 시도에서 연금술이라는 비책(秘策)이 생겨났다. 코엘료의 '연금술사'는 하나의 비유로서 나를 금으로 만드는 기술을 가진 자라는 뜻이다. 나는 태어나면서 무엇인가 되어야 할 사람이지 이미 무엇이 되어 있는 사람이 아니다. 그러므로 아직 금이 아닌, 이를테면 납인 나는 금이 되기를 꿈꾼다. 납은 금이 되고 싶다. 나는 금이 되어야 참된 '나'가 된다.

산티아고가 자신이 처한 난관과 역경을 딛고 마침내 자신의 소망을 이룰 수 있었던 것은 무엇보다도 자신의 꿈을 꼭 이루겠다는 절실함이 있었기 때문이다. 『연금술사』에는 무척 인상 깊은 문구가 나온다. "자네가 무언가를 간절히 원할 때 온 우주는 자네의 소망이 실현되도록 도와준다네." 이 구절은 얼핏 난센스처럼 들린다. 내가 무언가를 간절히 원하기만 하면 과연 우주가 내 소망이 실현되도록 도와줄까? 내가 마음 깊이 열심히 기도만 하면 좋은 직장에 취직할 수 있단 말인가? 영어를 못 하는 내가 간절히 원하면 영어를 잘하게 되는 걸까? 『연금술사』의 저 구절에서 초점은 '원할 때'보다는 '간절히'에 있다.

누구나 무언가를 원하면서 산다. 그런데 누구나 '대충' 원하며 산다. 내가 원해서 되면 좋고 안 되면 어쩔 수 없고, 이런 식이다. 그래선 꿈을 이룰 수 없다. 릴케식으로 말하면 '내적인 필연성'이 따르지 않으면 원하는 것을 성취할 수 없다. '절실함'이란 자신이 원하는 것을 꼭 성취하겠다는 절대적인 의지를 뜻한다. 몸(S. Maugham, 1874~1965)의 『달과 6펜스』는 소망 혹은 욕구의 절실함이 필연성을 띠는 모습을 잘 보여 준다. 이 작품은 후기인상파 화가 고갱을 모델로 한 스트릭랜드의 삶을 그리고 있다. 런던에서 주식중개인이었던 그는 어느 날 갑자기 아무 말도 남기지 않은 채 가족을 버리고 파리로 건너간다. 예기치 못한 그의 돌발 행동에 의구심을 품은 아내는 지인을 파리로 보내 그 이유를 캔다. 그림 그리기에 몰두하고 있는 그에게 방문객은 '왜 늦은 나이에 그림을 그리려 하느냐?'고 묻자, 그는 반복해서 '나는 그림을 그려야 해요'라고 응대한다. 이러한 그의 반응에 '그림'으로 먹고 살기는 여간 어려운 일이 아니라고 충고하자, 그는 짜증스러운 어투로 이렇게 대꾸한다. "나는 그림을 그려야 한다지 않소. 그림을 그리는 일밖에 다른 도리가 없어요. 물에 빠진 사람에게 헤엄을 잘 치고 못 치고가 문제겠소? 우선 물에서 헤어 나오는 게 중요하지. 그렇지 않으면 빠져 죽어요."

그림을 그리고 싶은 스트릭랜드(고갱)의 욕구 뒤에는 그림을 그려야 한다는 필연성이 자리 잡고 있다. 다른 길은 그에게 열려 있지 않다. '그림 그리기'는 삶에서 선택이 아니라 필수였다. 그는 비록 아버지의 반대로 어린 시절의 꿈을 포기하고 평범한 삶을 살아왔지만 더는 그림 그리기에 대한 내면의 욕구를 저버릴 수 없어 안락한 생활을 박차고 나왔다. 그림을 그리지 않고는 '산다'고 말할 수 없는 절박함이 그를 압도하자 런던을 떠나 화가들이 모여 있는 파리로 향하며 기꺼이 열악한 환경에 자신을 던진 것이다. 그림을 향한 절실한 의지는 결국 그를 위대한 화가로 이끌었다.

무언가를 절실하게 이루고자 하는 사람은 자신의 길에 다른 가능성이 들어설 여지를 남겨 두지 않는다. '되면 좋지만, 안 돼도 그만이다'가 아니라 '꼭 되어야지, 안 되는 길은 이미 길이 아니다'라는 생각이 그를 압도한다. 그에게는 '하늘은 스스로 돕는 자를 돕는다'는 말이 어울린다. 우리의 의지가 오직 한 곳을 향할 때 만물도 우리를 돕는 것이지, 우리의 힘이 분산되면 만물의 힘도 분산된다. 만물의 정기는 정직하게 운행한다. 온 힘을 다해 오직 한 길을 향할 때 만물의 정기는 거기에 감응하여 화답한다.

우리가 무언가를 간절히 원할 때 온 우주가 우리의 소망이 실현되도록 도와준다는 말은 일상에서도 어렵지 않게 그 예를 찾을 수 있다. 내가 만일 훌륭한 연기자가 되기를 간절히 원하고 이를 위해 밤낮없이 노심초사하며 노력한다면 주위의 가족이나 친구나 선생님이 도와주지 않겠는가? 내가 꿈을 향해 밤낮으로 노력하는데 이들 가운데 과연 내 꿈이 실현되지 않도록 방해하는 이가 있을까? 이들은 틀림없이 나를 돕고자 애쓸 것이다. 다만 문제는 내가 꿈을 실현하기 위해 얼마나 진실로 애쓰고 있느냐는 것이다. 내가 진실로 꿈을 위해 정진한다면 주위 사람들은 조금이라도 돕기 위해 애쓸 것이다. 이제 나는 홀로 내 길을 가는 게 아니다. 나를 둘러싼 우주 전체의 기운이 그림자처럼 따라붙기 때문이다. 그렇게 되면 외롭고 힘든 여정의 짐이 가벼워지면서 꿈을 향한 발걸음에 가속도가 붙어 꿈의 실현이 한결 쉬워진다.

납인 나를 남김없이 살아 내기

『연금술사』는 납이 금이 되기 위한 조건 혹은 과정과 관련해 다음과 같이 말한다.

> 연금술사들은 어떤 금속을 아주 오랜 세월 동안 가열하면 그 금속 특유의 물질적 특성은 전부 발산되고 그 자리에 오직 만물의 정기만이 남게 될 거라고 믿었다. 그들은 이 최종 물질이 모든 사물의 의사소통을 가능하게 해 주는 언어이므로, 이 물질을 통해 지상의 모든 것들을 이해할 수 있으리라 믿었다. (137쪽)

극한의 지경에서야 보편의 언어, 즉 금을 만날 수 있다. 납으로서의 나를 남김없이 소진할 때 비로소 만물의 정기와 투명하게 소통하여 나는 금이 된다. 숱한 역경을 거친 산티아고가 해[日]에게 연금술의 존재 이유에 대해 이렇게 설명한다.

> 우리 모두 자신의 보물을 찾아 전보다 더 나은 삶을 살아가는 것, 그게 연금술인 거지. 납은 세상이 더 이상 납을 필요로 하지 않을 때까지 납의 역할을 다하고, 마침내는 금으로 변하는 거야. (241쪽)

납이 금이 되게 하는 연금술에서 비약과 생략과 편법은 용납되지 않는다. 납이 납에게 주어진 성질을 탕진(蕩盡)하는 한에서만 금이 되는 길이 열린다. 납은 납에게 주어진 성질을 충분히 그리고 성실하게 활용한 다음에야 금이 되기를 기대할 수 있다. 납으로서의 나를 충실하게 불살라 살아야만 새로운 나를 만날 수 있다. 납인 나를 적당히 소진해서도 안 되고 납인 나와 교묘히 타협해서도 안 된다. 만물의 정기는 '적당히'나 '타협'이라는 단어를 모른다.

납인 나를 금인 나로 단련해 가는 과정은 결코 순탄치 않다. 내 꿈을 찾아가는 여정은 힘들고 아프다. 금이 되기 전까지 납으로서 감내해야 할 모든 것을 남김없이 감내하고 난 다음에야 비로소 납은 금이 될 수 있다. 납이 금이 되기 위해서는 단련이 필요하다. 단번에 납이 금이 되는 기적은 일어나지 않는다.

납인 산티아고가 금이 되는 여정도 험난하다. 그는 예기치 않은 숱한 걸림돌을 만난다. 가진 돈을 몽땅 도둑맞아 여행 계획을 포기하고 어쩔 수 없이 크리스털 가게에서 일하게 되고 힘들게 사막을 건너기도 한다. 아름다운 여인을 만나 꿈을 포기하고 그곳에 정착하고 싶은 유혹에 빠지기도 하고 죽을 위험에 처하기도 한다. 이 모든 과정은 납으로서의 삶을 모두 소진하는 과정이다. 오랜 세월 납을 가열해야만 금이 되듯이 납으로 사는 시간의 고통을 모두 견뎌 내야 한다.

산티아고는 이렇게 말한다. "난 양들에게 배웠고 크리스털에게도 배웠지. 사막으로부터도 배울 수 있을 거야. 사막에는 시간의 힘과 그로부터 솟아나는 지혜가 느껴져." 그는 걸림돌을 디딤돌로 삼을 줄 알았다. 자신이 겪는 모든 난관이 도우미였고 스승이었다. 양에게서는 순수와 인내를 배우고, 크리스털에게서는 투명을 배우고, 사막으로부터는 목마름, 지루함, 삭막함에 의연할 수 있는 법을 배운다.

현재의 나를 사랑해야 하는 이유

금이 되기 위해 납이 견뎌 내야 하는 시간은 당연히 고통스럽다. 나는 고통을 당하는 게 두렵다. 힘들고 아픈 게 무섭다. 혼자서 견뎌야 하는 긴장의 시간이 두렵고, 끝이 보이지 않는 어두운 터널을 통과하는 시간이 무섭다. 마음에 두었던 목표로 향하는 문턱에서 나는 긴장과 두려움에 떨며 진입을 망설이고 피하려 한다. 산티아고의 마음도 고통받을까 두려워한다. 여기서 연금술사는 고통 자체보다 고통에 대한 두려움이 더 나쁜 거라고 말한다. 꿈을 찾아가는 매 순간이 신과 영겁의 세월을 만나는 순간이므로 거기서 생기는 고통을 두려워해 피하려 해서는 안 된다는 것이다. 연금술사의 말을 들은 산티아고는 자신에게 이렇게 말한다.

그래, 무언가를 찾아가는 매 순간이 신과 조우하는 순간인 거야. 내 보물을 찾아가는 동안의 모든 날들은 빛나는 시간이었어.……보물을 찾아가는 길에서, 나는 이전에는 결코 꿈꾸지 못했던 것들을 발견했어.……그런 것들을 감히 해 보겠다는 용기가 없었다면 꿈도 꿀 수 없었을 것들을 말이야. (213쪽)

다소 신비주의적으로 들리지만 이 대목에는 중대한 철학적 진실이 내포되어 있다. 변증법 철학자로 알려진 헤겔은 『대논리학』에서 무한(無限) 개념을 '악무한'과 '진무한'으로 나누어 설명한다. 악무한은 글자 그대로 '나쁜 무한'이고 진무한은 '참된 무한'이다. 어떤 무한이 나쁜 무한인가? 끝이 없는 무한은 나쁘다. 어떤 무한이 참된 무한인가? 끝이 있는 무한이다. 끝이 없으면 나쁜 무한이고, 끝이 있으면 좋은 무한이다. 악무한은 가짜 무한이고, 진무한은 진짜 무한이다.

그런데 '무한'이란 본래 끝이 없는 게 아닌가? '끝이 있는 무한'이란 그 자체가 자기모순 아닌가? 끝이 있는 무한이 도대체 가능한가? 비유컨대 끝이 없는 무한이 '직선'에 해당된다면, 끝이 있는 무한은 '원'에 해당한다. 원은 끝이 있는 무한이다. 원에서는 출발점과 종착점이 만나기 때문이다. 그러면서도 원은 무한히 돌아간다. 참된 무한은 끝이 있다는 헤겔의 생각은, 내가 꿈을 실현하는 과정에서 겪는 고통을 긍정적으로 수용해야 할 이유에 대한 변증법적 설명이다. 꿈을 좇는 사람은 진무한적인 삶을 살아야 한다. 이게 무슨 말인가?

나쁜 무한은 현재에 만족하지 못하고 만족을 끊임없이 연기(延期)한다. 현재의 나는 '유한자(有限者)'로서 무한자(無限者)와 떨어져 있으므로 무한자를 만나기 위해 부단히 애쓰지만 결코 무한자를 만날 수는 없다. 무한자를 향한 유한자의 사랑은 안타깝고 비극적이다. 악무한에서는 유한과 무한이 분리되어 있어서 유한이 아무리 애써도 무한에 도달할 수 없다. 산꼭대기를 향해 굴려 올려도 끊임없이 산 아래로 굴러 떨어지는 바위를 다시 올려야 하는 벌을 받은 시시포스처럼 악무한의 삶은 고난과 고통의 늪에서 헤어날 수 없다. 반면에 진무한의 삶은 비록 현재 내가 처한 삶이 고달파도 나에게 주어진 고통을 긍정적으로 받아들일 줄 안다. 기독교식으로 말하면, 유한자인 나의 아픔에 무한자인 하나님의 뜻이 함께하고 있기 때문이다.

만일 내가 지금 경제 사정이 여의치 않아 고시원에 산다고 가정해 보자. 힘든 일과를 마치고 들어가는 '집'이라는 게 고작 햇볕도 들지 않고 통풍도 제대로 되지 않는 협소한 고시원이라면 삶을 '지옥고(地獄苦)'라 여길 만하다. 이렇게 열악한 환경에서 나는 이를 물고 다짐한다. '지금은 비록 돈이 없어 비참한 환경에 살고 있지만 돈을 벌어 머지않아 전세로 이사

가리라.' 열심히 노력한 보람이 있어 전세를 얻어 이사를 하고 나면, 나는 다시 다짐한다. '계속 노력해 이제는 내 집을 소유해야지.'

여기서 중요한 건 내가 고시원에 사는 동안 행복감은 고사하고 자신과 사회에 대한 분노와 적개심으로 마음 편할 날이 없다는 사실이다. 나는 목표에 도달하지 못하면 밝은 마음을 가져서는 안 된다고 생각한다. 무지개를 좇는 아이처럼 나는 무언가를 잡기는 하는데 막상 잡으면 보잘 것 없게 느껴진다. 지금 내 손에 잡고 있는 것은 미래를 위한 준비 과정 혹은 과도기여서 내가 가지고 있는 '현재'는 항상 '빛나는 미래'를 위한 희생물에 지나지 않는다. 그래서 아직 목표에 도달하지 못한 나의 현재는 항상 힘겹고 외롭다. 나는 현재의 나를 늘 가엾게만 여길 뿐 사랑하지 못한다. 이러한 나의 어두움은 궁극적으로 유한과 무한을 분리해 생각하는 악무한적 사고방식에서 비롯한다.

진무한은 다르다. 유한이 무한과 닿아 있다. 유한자의 행동은 단순히 무한자를 위한 도구가 아니다. 유한자(나)의 숨결은 무한자(신)의 호흡과 같이한다. 참된 무한 혹은 좋은 무한은 현재에 만족한다. 현재의 나는 유한자이지만 매 순간 무한자와 결부되어 있어서 무한자와 호흡을 같이하므로 나의 행위는 곧 무한자의 행위이기도 하다. 이게 바로 유명한 헤겔의

'유무한(有無限) 동일성 테제', 즉 유한과 무한은 동일하다는 논제다.

고시원에 살아도 그 삶에 무한자가 함께하고 있다고 생각하면 비참하다거나 비통한 마음에 젖지 않는다. 고시원에서 즐겁게 생활한다. 나중에 돈을 벌면 전세로 이사 가리라 다짐할 수 있지만 그러한 다짐이 현재 고시원에서의 즐거운 생활을 침해하지 않는다. 전세는 전세고, 고시원은 고시원이다. 각각의 그 자체를 긍정해야 마땅하다. 그 각각에 무한자가 동행하고 있기 때문이다. 기독교식으로 말하면 하나님의 섭리가 함께하고 있기 때문이다.

고시원은 전세로 가기 위한 예비 단계가 아니라 그 자체로 완결된 의미체이다. 고시원보다 더 좋은 주거 환경을 위해 현재 고시원의 생활을 희생물로 삼지 않는다. 진무한의 논리를 따르는 사람은 자신이 놓인 처지에 상관없이 현재의 자신과 처지를 긍정적으로 평가한다. 현재는 밝은 미래를 성취하기 위해 감수해야 할 어두움이 아니다. 모든 현재에는 무한자가 이미 항상 개입하고 있어서 유한자인 나는 순간마다 무한자와 조우하고 있으므로 매 순간이 빛나는 현재들이다. 진무한적 존재론에서는 이렇게 유한자와 무한자가 함께 호흡하고 있어서 현재의 나는 무한자의 힘에 의지해 기꺼이 나의 고통을 끌어안을 뿐만 아니라 사랑할 수 있다.

진무한적 사고에서 볼 때, 내 삶을 내가 사는 것 같아도 거기에는 항상 무한자인 신이 함께하고 있다. 내가 손가락을 까딱하는 사소한 동작에도 신의 뜻이 작용하는 것이다. 손가락은 내가 만든 것이 아니며 손가락이 앞으로만 구부려지는 것도 내 의지에 따른 결과만이 아니다. 손가락 자체 그리고 손가락의 구부러짐에는 타자(신)의 섭리가 개입하고 있다. 무한자의 숨결이 내 손가락 끝에 와 있지 않으면 나는 결코 손가락을 구부릴 수 없다. 손가락을 까딱하는 동작이 별거 아닌 것 같아도 이를 위해 우주는 온 힘을 다해 긴장하고 있는 것이다. 그런 의미에서 『연금술사』는 말한다.

모든 행복한 인간이란 자신의 마음속에 신을 담고 있는 사람이라고 마음은 속삭였다.……행복이란 사막의 모래 알갱이 하나에서도 발견될 수 있다고 했다. 모래 알갱이 하나는 천지창조의 한순간이며, 그것을 창조하기 위해 온 우주가 기다려온 억겁의 세월이 담겨 있다고 했다. (213쪽)

코엘료의 논지는 헤겔의 사유와 닮아 있다. 진무한의 삶을 사는 이는 현재의 자기를 사랑할 줄 안다. 무한자의 의지가 작동하고 있기 때문에 무한자와 얽혀 있는 나를 경시하거나 멸시할 수 없다. 엄밀히 말하면 삶에 과도기란 없다. 그러므로 현재가 미래의 목표를 위한 수단으로 전락할 수 없다. 매 순간이 나에겐 빛나는 순간이다. 내가 아무리 어설프고 부족해도 나는 내 삶을 사랑할 충분한 이유가 있다.

헤겔의 진무한 개념에 비춰 보면, 삶의 매 단계는 유한자와 무한자가 한데 얽혀 빚어내는 직조물(texture)이다. 내가 처한 상황과 무관하게 내 뒤에는 나에게 힘을 실어 주는 무한자의 의지가 따라다닌다. 내 뒤에서 작동하는 무한자의 의지는 내가 현재의 삶을 충분히 사랑해야 할 근거인 셈이다.

현재의 나를 사랑하지 않고 밝은 미래를 기약할 수 없다. 현재의 나를 보듬고 아끼지 않고는 생산적인 미래가 보장되지 않는다. 삶에서 비약은 없다. 일확천금을 꿈꿀 수는 있으나 그렇게 얻은 행운이 진정으로 나를 기쁘게 하지는 않는다. 어떤 어려움이 닥쳐도 그 어려움을 겪고 나를 껴안아야 한다. 그래야만 차츰 그 어려움에서 벗어날 수 있다. 전진(前進)은 현재라는 발판의 긍정을 전제한다. 현재의 나를 인정하여 단단히 딛고 서지 않으면 나는 앞으로 나아갈 수 없다. 나의 어떤 현재라도 이를 구체적으로 긍정해야만 한 발 더 나아갈 수 있다.

'나'라는 소우주

자신의 꿈을 실현해 나가는 산티아고의 여정에서 종종 '마크톱(maktub)'이란 말이 등장한다. '이미 기록되어 있다', '어차피 그렇게 될 일이다'라는 뜻이다. 종교적 색채가 짙은 신비스러운 단어다. 이는 라이프니츠(G. W. Leibniz, 1646~1716)의 예정조화설을 떠올리게 한다. '마크톱'은 우주의 질서와 내 질서 간의 소통과 관련해 중요한 단서를 제공한다. 라이프니츠는 수학자이자 철학자다. 그의 『모나드론(*Monadology*)』에 따르면 세계는 궁극적으로 무수히 많은 모나드(Monad)로 이루어져 있다. 세계 전체를 1로 가정할 때, 모나드는 $\lim_{x \to \infty} \frac{1}{x}$을 가리킨다. 우주를 1로 보고 이를 무한히 나눈 결과 더는 나뉘지 않는 최후의 존재가 모나드이다. 수학적으로는 결과가 0이 되겠으나 물리적으로는 그렇지 않다. 라이프니츠는 모나드를 실체(substance)로 규정한다. 실체란 다른 어떤 것에도 의존하지 않고 스스로 활동하는 자족적인 주체다. 모나드는 세계 혹은 우주를 구성하는 최소의 정신적 에너지다.

무한히 나눈 최후의 존재로서 모나드를 실체로 규정한 것은 중대한 사실을 함축한다. 모나드는 그 자체가 소우주(micro-cosmos)다. 모나드는 소우주이기 때문에 그 안에 대우주(macro-cosmos)의 모든 것을 축소된 형태로 지니고 있다. 가장 작은 것 안에 가장 큰 것이 들어 있는 셈이다. 각각의 모나드는 '실체'이기 때문에 다른 모나드들이 어떻게 움직이는지에 관심이 없다. 오직 자신의 내적 에너지를 기반으로 활동할 뿐이다. 그래서 라이프니츠에 따르면 모나드에는 '창문'이 없다. 창문이 없으므로 바깥을 볼 수 없다. 모든 모나드는 맹인이다. 모든 모나드는 눈이 멀었으므로 이들이 동시에 움직이면 세계는 완전히 카오스에 빠질 것이다. 그런데 우주는 혼란에 빠지지 않고 나름의 질서 속에서 운행한다. 모나드들의 맹목적인 자기운동을 통해 대우주의 장엄한 질서가 이루어진다. 이러한 일이 어떻게 가능한가? 이를 라이프니츠는 유명한 '예정조화설'로 설명한다. 무한자인 신이 모나드들끼리 서로 충돌하지 않고 조화롭게 운행하도록 예정해 놓았다는 것이다.

개인으로서의 나를 곧바로 라이프니츠의 모나드로 대치시킬 수는 없다. 모나드는 형이상학적인 개념인 데 반해 개인으로서의 나는 인간학적인 개념이기 때문이다. 하지만 유비(類比) 차원의 신과 모나드의 관계는 전체와 개체의 측면에서 신과 개인(나)의 관계로 대치해 생각할 수 있다. 개체로서의 나의 질서는 전체로서의 신의 질서와 닮았다. 라이프니츠의 『모나드론』에 따르면 개체인 나는 소우주(小宇宙)로서 전체[大宇宙]인 신을 가능태(potentiality)로 내 안에 담고 있기 때문이다. 이러한 생각을 『연금술사』는 "세상 만물은 서로 다르게 표현되어 있지만 오직 하나에 대해 말하고 있다"거나 "내 안에는 바람과 사막, 대양, 별들 그리고 우주에서 창조된 모든 만물이 존재하고 있어. 우리는 오직 한 분의 손으로 빚어졌고, 우리에게는 같은 영혼이 있는 거야"라고 말한다. 신의 섭리와 개인의 영혼 간에 놓인 필연적 연결 고리를 확인할 수 있는 대목이다.

이렇게 볼 때 결국 내 안에는 모든 가능성이 잠재해 있다. 신은 우리 모두에게 공평하게 자신이 가진 모든 것을 배분해 놓았다. 이제는 우리 차례다. 내 차례다. 그런데 내 안에 무엇이 잠재해 있는지 미리 알 수가 없다. 나에게 모든 가능성이 주어져 있다고 해서 그것이 곧 내가 무엇이든 할 수 있음을 뜻하지 않는다. 모나드에 대한 설명에서 빠뜨린 것 하나는, 전체가 실현된 대우주와 달리 모나드는 소우주로서 대우주의 질서를 가능태로서 품고 있기는 하지만 개별적 특성이 각각의 모나드에게 현실태(actuality)로서 드러나 있다는 사실이다. 모나드들이 서로 다른 특성을 지님으로써 세계에는 다른 사물들이 존재할 수 있게 된다. 모나드들의 차이성과 마찬가지로 개인들도 서로 다른 성향을 지니고 있어서, 그것에 맞게 자기를 계발하는 일이 긴요하다.

모나드의 성격을 띤 우리 각자는 너나 구별할 것 없이 소중하다. 라이프니츠는 말한다. 하나의 모나드가 완전히 파괴되면 전 우주가 파괴된다고. 각각의 모나드는 소우주로서 대우주의 질서를 그 안에 포함하고 있기 때문이다. 우리는 서로 통해 있지만, 그렇다고 우리가 똑같은 성향을 지닌 것은 아니다. 각자의 개성을 살려야 하는 이유가 여기에 있다. 내가 무엇을 잘할 수 있을지는 미리 알 수 없다. 우선 무언가를 해 봐야 알 수 있다. 나에 대해 내가 무얼 할 수 있을지 예단할 수 없다. 나의 질서가 우주의 질서와 통해 있긴 하지만 우주의 질서 전부를 내가 실현할 수는 없다. 나에게 주어진 몫만을 나는 실현할 수 있다. 그 점에서 내가 무엇을 할 수 있을지를 발견해 계발하는 일은 전적으로 나에게 맡겨진 몫이다.

/

나에게 주어진 가능성을 계발하기 위해서는 현실적으로 가능한 길들을 찾아 구체적으로 시도를 해보아야 한다. 나는 스스로 스승이고 결정권자다. 결국은 누구도 나의 스승일 수 없고 누구도 나를 대신해 결정해 줄 수 없다. 밖에서 들어오는 더없이 좋은 이야기도 내 안의 스승이 움직이지 않으면 별무신통이다. 좋은 말이 부족해 세상이 이 정도밖에 되지 않은 것이 아니다. 예로부터 전해오는 훌륭한 말들과 좋은 책들이 아무리 많아도 그것들이 '나'에게 특별한 의미로 다가오지 않으면 나를 움직이지 못하므로 아무런 의미가 없다. 납인 내가 자동으로 금이 되는 기적은 현실에서 일어나지 않는다. 그건

우주의 질서에 위배되기 때문이다. 내 안의 스승이 움직이기
위해서는 별도의 노력이 요구된다.

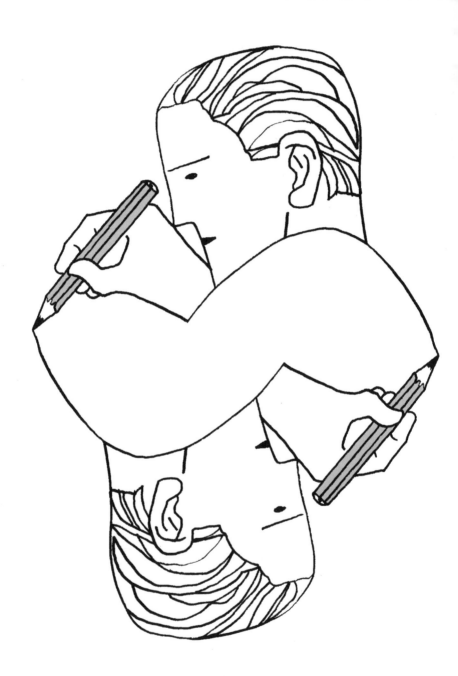

3장

타자는
내 운명

나는 스스로 배울 수 없다. 누군가 혹은 무언가를 통해서만
배울 수 있다. 내 안의 스승이 깨어나 나를 가르쳐야 하겠지
만, 내 안의 스승은 스스로 깨어나는 법을 모른다. 그래서 내
가 깨어나기 위해서는 깨어날 수 있는 '나'가 내 안에 있어야
하며, 동시에 누군가 밖에서 자극을 주어야 한다. 나의 안과
밖이 힘을 합쳐야만 비로소 참된 나로 거듭날 수 있다. 이러
한 사정에는 사자성어 '줄탁동시(啐啄同時)'가 어울린다. 새가
알을 깨고 나오기 위해서는 새끼가 안에서 껍질을 쪼고[啐]
어미가 밖에서 쪼는[啄] 행위가 동시에 일어나야 한다. '나'라
는 생명이 출현하기 위해서는 내 안과 밖이 공동작전을 펼쳐
야 한다. '나'는 내 안에만 있지 않고 타자 안에도 있는 셈이
다. 나의 잠재된 가능성은 그 자체로는 활동적이지 않다. 타
자를 통해 내 안의 나는 기지개를 켜고 깨어날 수 있다. 밖의

타자와 접촉하지 않고서 내가 새로워질 수 있는 길은 없다.

내 존재의 두 근거

'나'와 관련해 두 가지 서로 다른 혹은 어긋나는 명제가 가능하다.

① 나는 나다.
② 나는 타자다.

①은 나의 자기동일성(self-identity)이고, ②는 나의 자기비동일성(self-nonidentity), 즉 타자성(otherness)이다. '나는 나다'라는 명제는 'A는 A다'라는 논리학의 동일률과 형식적으로 같다. 모든 '자기'는 '자기'와 동일하다는 동어반복(tautology)의 명제는 항상 참(眞)이라는 점에서 철학자들에게 무한한 애정을 받아 왔다. 그래서 많은 철학자들이 이 명제에서 출발해 자신의 사상을 구축하기도 했다. '나는 나다'만큼 누구나 인정할 수밖에 없는 명백한 명제는 없다. 철학이 보편타당한 원칙을 찾고자 할 때 '나는 나다'는 근대 독일관념론, 즉 칸트(I. Kant, 1724~1804), 피히테(J. G. Fichte, 1762~1814), 헤겔의 철학적 사유에서 결정적 위치를 차지해 왔다.

'나는 나다'라는 명제는 겉보기처럼 단순하지 않다. 여기에는 복잡한 사연이 깃들어 있다. '나는 나다'를 철학적 사유의 출발점 혹은 전제로 삼을 경우 이후에 전개될 내용이 모두 이 명제 안에서 도출되어야 한다. 그래야만 전제와 결론이 논리적 필연성에 의해 모두 참일 수 있기 때문이다. 만일 전제에 포함되지 않은 내용이 도출된다면 결론의 진리치는 확률적 혹은 개연적으로만 참이게 되어 엄밀한 의미에서 '진리'라고 말할 수 없게 된다. 또한 '나는 나다'에서 출발해 수학처럼 논리적 필연성에 따라 도출하더라도 그 결론도 결국 '나는 나다'에 갇혀 있을 수밖에 없으므로 결론에서 내 밖의 새로운 타자를 정립하는 일이 불가능해진다.

하지만 '나는 나다'를 철학사의 문제에서 해방시켜 일상의 문제로 전환하면 비교적 자유롭고 수월하게 접근할 수 있다. 일상의 경험 세계에서 '나는 나다'는 '나는 타자 혹은 타인이 아니다'를 함축한다. '나는 나일 뿐 타인이 아니다'는 나의 개별성과 자립성을 주장하는 행위, 즉 타인과 경계를 긋고 타인을 나에게서 배제하는 행위다. 구별과 배제는 '자기'를 확보하는 필수 조치다. 나의 동일성을 위해, 내가 나일 수 있기 위해 처음에는 나의 타자성을 거부해야 한다.

문제는 나의 독자성을 유지하기 위해서는 나 아닌 다른 것, 즉 타자에 의존하지 않을 수 없다는 점이다. 실체가 아닌 나는 자립, 자족할 수 없기 때문에 나의 의식주 문제는 어떤 식으로든 타인나 타자에게 의존하지 않을 수 없다. 그래서 나의 삶을 위해 남의 삶도 있어야 한다. 나에 대하여 나뿐만 아니라 타인 혹은 타자도 있어야 한다. 플라톤은 『국가』에서 각자의 타고난 성향과 능력에 따라 서로 다른 임무·직업에 충실함으로써 서로에게 이익이 되는 길을 모색하는 데 국가가 필요하다고 밝히고 있다.

이제 나의 근거는 나이면서 동시에 내가 아닌 것이어야 한다는 상호 대립적인 주장이 성립한다. 내가 나로서 서기 혹은 살기 위해서는 나의 동일성뿐만 아니라 나의 타자성이 필요하다. 여기서 나와 타자의 관계와 관련해 사태가 얽혀 있는 듯이 보이지만 사실 이 문제는 그리 어려운 게 아니다. 나의 동일성과 타자성은 상호 충돌하지 않고 양립할 수 있기 때문이다. 내 밖의 타자가 들어온다고 해서 나의 동일성이 해체되는 것이 아니라 오히려 풍부해지는 길이 열린다면 이 문제는 해결된다. 이를테면 헤겔 철학에서 '나는 나다'라는 자기동일성 원리는 그 자체가 내용이 없는 추상태인데 타자 관계를 통해서만 구체적인 나에 이를 수 있다. 여기서 타자는 존재적으로는 내 밖에 있지만, 의미상으로는 내 안에 있기도 하다. '나'라는 '자기'는 타자 관계를 통해서만 구체성을 띠므로 타자의 존재는 나에게 필수적이다.

타자란 대체 무엇인가? 타자는 글자 그대로 '내가 아닌 것', 그래서 처음에는 '나에게 낯선 것'이다. 타자는 그 상대 용어인 '자기(自己)'가 무엇이냐에 따라 그 의미가 달라진다. 자기가 인간이면 타자는 자연이 되고, 자기가 주관이면 타자는 객관이 되고, 자기가 개인이면 타자는 사회나 역사가 되고, 자기가 피조물이면 타자는 조물주가 되고, 자기가 나이면 타자는 타인이 된다. 자기와 타자는 철학적 사고의 두 가지 중심축을 이룬다. 세계는 기본적으로 자기와 타자의 관계로 구성되기 때문이다. 여기서 '관계'라는 말에 주목해야 한다. 관계란 서로 소통한다는 뜻이다. 소통을 반드시 긍정적인 의미로만 이해할 필요는 없다. 서로 다투는 것도 일종의 소통이다. 관계라는 측면에서 볼 때 타자와 소통하지 않는 나의 존재는 생각할 수 없다.

'나'에 대해 다양한 타자가 존재한다. 나는 자기, 개인, 의식, 주관, 인간, 피조물 등으로 대치될 수 있고, 이에 대하여 타인, 사회, 대상(사물), 객관, 자연, 조물주 등이 타자로 등장한다. 이러한 대립 혹은 소통 관계를 일상에 비추어 보면, 의식을 지닌 나에 대해 타자로 설정되는 대상은 무엇보다 사물과 타인이다. '나'는 내 주위의 사물과 사람을 내 쪽으로 끌어들이려는 원초적인 욕구를 지니고 있다. 이 욕구는 나의 생존과 보존을 위해 불가피하다. 그런데 내가 나인 한에서 사물과 타인 안으로 내가 들어갈 수 없으므로 그것들의 의지를 내 것처럼 취급해 남김없이 나에게 끌어당기기는 애초부터 불가능하다. 여기서 '나는 나다'라는 단순히 논리적이고 존재론적인 동어반복에 불과한 원칙은 '나의 의지' 혹은 '나의 욕구'로 표현된다.

나는 커피를 마신다. 커피'를' 내'가' 마시는 순간 커피는 내 것이 되어 커피의 타자성은 더 이상 유지되지 않는다. 내가 커피를 마시는 행위는 타자인 커피를 내 신체 안으로 끌어들이는 행위이다. 그럼으로써 나는 타자로서의 커피를 내 것으로 삼는다. '내 것으로 삼는다'는 말은 타자를 나와 동일하게 만든다는 의미다. 나와 동일해지는 순간 커피는 나의 타자가 아니게 되어, 더 이상 자신의 타자성을 주장할 수 없게 된다. 타인과의 관계에서도 같은 현상이 벌어진다. 나는 타인과 대화하면서 상대방이 내 생각에 동조하게 하려는 욕구를 기본적으로 지니고 있다. 이 욕구가 성공적으로 충족되면 타인의 생각은 더 이상 나에게 타자가 아니다. 타인의 생각을 내 것으로 만들었다고 말할 수는 없지만, 적어도 상대의 생각이 나에게 동화된 한에서 나의 자기동일성 안으로 들어왔다고 말할 수 있다.

그런데 나와 타인의 관계에서 나만 '나'가 아니라 타인도 그 자신에게는 '나'라는 사실이 문제를 복잡하게 만든다. 나의 '나'와 그의 '나'가 부드럽게 조화를 이루면 좋겠지만 서로 충돌하는 경우가 자주 발생하기 때문이다. 충돌은 내가 그를 내 쪽으로 끌어당기려는 것 못지않게 그도 나를 자신의 페이스 안으로 끌어들이려 할 때 발생한다. 나의 '나'와 그의 '나'가 서로 '다른 나'인 한 나와 그의 관계에는 서로의 중심을 향한 구심력과 더불어 자기 밖을 향해 움직이는 원심력이 작용한다. 모든 현실은 양자의 불안정한 균형 혹은 타협의 선 위에 서 있다. 우리는 '나는 나다'와 '나는 내가 아니다'라는 두 가지 사태가 맞물려 있는 긴장 상태를 견디며 살고 있는 것이다. 타자 '관계'는 그래서 고슴도치 사랑에 비유할 수 있다. 너무 가까우면 서로에게 상처를 주고 너무 멀면 관계가 단절된다.

나와 타자의 관계에서 비롯하는 긴장은 관계가 이루어지는 단면의 실상이어서, 전체적으로 볼 때 '나'는 '그'일 수 없으며 '그' 또한 '나'일 수 없다. 나의 나와 그의 나는 서로에게 궁극적으로 '타자'로 남을 수밖에 없다. 나는 나며 그는 그다. 양자는 결코 '하나'일 수 없다. 상대방의 궁극적인 자기는 결코 나의 자기 안으로 들어오지 않는다. 타자를 내 뜻대로 움직이려 할 때 타자는 사라지고 나만 남게 되며, 나와 타자의 관계가 소멸한다. 이에 따라 나는 더 이상 나에게 필요한 타자를 얻을 수 없게 된다. 나의 과도한 '타자의 자기화(自己化)'가 빚어

낸 비극적 종말이다.

'타자'라는 문제 상황

타자는 타자로 남아야 한다. 타자가 나의 욕구와 의지에 저항하는 것이 불편하고 불만스러울 수 있으나 타자의 입장에서 보면 그의 성향에 따르는 자연스러운 현상이다. 누군가를 만난다는 것은 그의 성향 못지않게 그의 오래된 습관과 만나는 것이기도 하다. 타자는 기본적으로 내가 뜻하는 대로만 움직이지 않는다. 타자는 나의 의지에 반해서 나에게 저항하기도 한다. 나의 의지에 반하는 성향은 타자에게 불가피하며, 그런 한에서만 타자도 자기동일성을 지니고 존립할 수 있다. 만일 그렇지 않다면 타자는 타자일 수 없다. 타자성(他者性)은 내 생각 혹은 논리 밖으로 얽히는 측면을 지닐 수밖에 없는 타자의 필연적인 속성이다.

타자의 타자성을 인정할 수밖에 없는 구체적 사례는 프랑스 현대 소설가 투르니에(M. Tournier, 1924~2016)의 『방드르디 태평양의 끝』에 소개된 일화에서 찾을 수 있다. 무인도의 로빈슨은 추수한 곡식을 야금야금 먹어치우는 쥐들을 퇴치할 방법을 궁리한다. 그러던 중 일전에 염소가 빨간 알이 맺힌 흰 버섯을 먹고 죽은 일이 떠올라 그 버섯을 끓인 물에 밀알을 담갔다가 쥐가 잘 다니는 길목에 뿌려 놓는다. 쥐들이 그걸 먹고 죽기를 기대한 것이다. 그런데 쥐들은 죽기는커녕 여지없이 그것을 먹어대기만 한다. 염소에게는 치명적이었던 것이 쥐에게는 듣지 않는다. 염소가 먹고 죽은 버섯이니 당연히 쥐도 먹으면 죽을 것이라는 기대는 타자인 쥐의 예기치 않은 저항에 힘없이 무너진다. 타자를 자기화하려는 로빈슨의 동일화 논리가 깨지고 만다. 로빈슨이 자기 경험을 바탕으로 일반화한 방식에 쥐는 술어화되지 않는다. 쥐의 생리는 로빈슨이 행한 타자의 자기화 논리 밖에서 작동한 것이다.

타자를 나의 논리로 얽어맬 수 없는 예는 일상에서도 쉽게 찾아볼 수 있다. 엄마와 아이의 관계를 보자. 아이는 엄마가 낳았다. 하지만 엄마의 산고(産苦)를 거쳐 아이가 세상에 빛을 보았다고 해서 엄마가 아이의 소유권을 주장할 수는 없다. 출산이 곧 소유의 근거는 되지 않는다. 엄마 뱃속은 아이가 머물며 발육하는 장소이지 아이를 제조하는 장소는 아니다. 아이는 엄마에게 타자다. 그래서 엄마는 아이의 타자성을 충분히 인정해야만 한다. 이런 의미에서 레바논의 시인 지브란(K. Gibran, 1883~1931)은 『예언자』에서 다음과 같이 말하고 있다.

아이들은 그대들을 통해서 왔지만,
그대들로부터 온 것이 아닙니다.
아이들은 그대들과 함께 있지만,

그대들의 소유가 아닙니다.

그대들은 아이들에게 사랑을 줄 수는 있지만,

그대들의 생각까지 줄 수는 없습니다.

그들에겐 그들의 생각이 있기 때문입니다.

(정창영 옮김, 물병자리, 2014, 51쪽)

아이의 개별성 혹은 고유성이 철저히 인정되고 보장되어야 하는 이유가 여기에 있다. 부모는 아이가 자신들의 틀에 맞추어 살기를 기대할 수 없다. 아이는 부모의 소망과는 무관하게 자신만의 고유성을 지니고 있다. 그래서 부모가 아이와 동행하려 해야지 아이를 부모에게 동화시키려고 애써서는 안 된다고 지브란은 권유한다.

타자의 타자성을 인정해야만 하는 것은 부모와 자식 간의 관계에만 해당하지 않는다. 지브란은 남편과 아내 사이에서도 일정한 거리를 유지하도록 권한다.

그러나 함께 있되

그대들 사이에 공간이 있도록 하십시오.

......

서로 사랑하되

사랑으로 구속하지는 마십시오.

……함께 서 있되 너무 가까이 서 있지는 마십시오.

사원의 기둥들도 서로 떨어져 있고,

참나무와 삼나무도

서로의 그늘 속에서는 자랄 수 없기 때문입니다.

(46~47쪽)

내가 누군가와 함께 있다고 해도, 결국 나는 나고 그는 그다. 부모와 아이의 관계 그리고 연인과 연인의 관계에서도 상대는 자기에게 타자일 따름이다. 타자가 나의 논리에 맞추어 순순히 들어온다면 문제가 되지 않는다. 하지만 들어오지 않는 부분을 강제로 내 쪽으로 끌어오려 하면 강제와 폭력이 발생한다. 타자를 자기의 논리에 끼워 맞추려 해서는 곤란하다. 타자는 타자 고유의 삶이 있으며, 이는 존중되어야 마땅하다. 나 또한 상대에게는 타자이므로 상대는 내가 그의 논리에 따르기를 원하지 그의 틀을 나의 취향과 성향에 맞추려 하지 않는다.

나(자기)와 그(타자)는 다르다. 이 다름은 용인되어야 한다. 양자의 다름은 존재론적으로 필연이기 때문이다. 하지만 다름이 갈등과 대립으로 치달아 서로에게 상처를 주는 일은 막아야 한다. '상처'는 서로가 자기 안으로 상대를 끌어들이려는 데에서 생긴다. 그래서 서로의 독자성을 인정하는 문제가 중요하다. 나는 그가 아니듯이, 그는 내가 아니다. 내가 그가 아니어서 그가 나의 독자성을 인정해야 하듯이, 나 또한 그가 내가 아니므로 그의 독자성을 인정해야 한다. 여기서 상호 인정의 문제가 생겨난다.

'I'와 'Me'의 변증법

나는 타인에게서 인정받아야만 사회로 진입할 수 있다. 스스로 아무리 '나는 이 분야에서 유능하다'고 여겨도 타인이 나의 능력을 인정하지 않으면 사회로 진입하기 어렵다. 입사를 위해 원서를 내고 면접을 치르는 일이 바로 타자의 인정을 향한 행위다. 나는 문제 출제자가 아니다. 출제는 항상 타인의 몫이다. 타인이 낸 문제를 제대로 풀어야만 나는 그들 속으로 들어갈 수 있다. 이는 일종의 통과의례다. 비유컨대, 회사라는 자물쇠를 열기 위해서는 내가 임의로 만든 열쇠가 아니라 회사가 요구하는 열쇠를 장만해야 한다. 나의 능력을 타인이 인정해야만 나는 '객관적으로 유능한 인물'이 된다. 타인의 인정은 나에 대한 객관적인 평가와 인식을 위해 불가결하다.

타인의 존재를 통한 인정 문제는 기본적으로 나에 대한 객관적인 인식 혹은 판단과 관련된다. 여기서 타인의 인정이 지닌 사회학적인 의미를 구체적으로 살펴보자. '내가 생각하는 나'는 '남이 생각하는 나'와 같지 않다. 내가 나를 보듯이 남이 나를 볼 것이라고 생각하면 오산이다. 이는 내게 들리는 내 목소리가 남들에게도 똑같이 들릴 것이라 판단하는 것과 같은 오류다. 내가 생각하는 내 목소리와 녹음된 내 목소리가 확연히 다르다는 사실은 경험으로 알 수 있다. 목소리만 그런 게 아니다. 외모나 성격도 내 생각과 타인의 생각이 다를 수 있다. 이 차이는 일상에서 예기치 않은 문제들을 야기한다. 나는 '이런 사람'인데 너는 왜 나를 '이렇게' 봐 주지 않는가. 내가 보는 나와 타인이 보는 나의 차이에서 비롯하는 필연적인 갈등 상황이다.

더욱 심각한 문제는 내가 생각하는 '나'가 아니라 타인이 생각하는 '나'가 현실에서 힘을 얻는다는 데 있다. 나를 보는 나는 나 혼자뿐이지만 나를 보는 남은 무수히 많으며, 이 무수히 많은 시선이 현실에서 나를 실질적으로 움직이는 힘으로 작동하기 때문이다. 내가 나를 어떻게 생각하느냐가 아니라 남이 나를 어떻게 보고 있느냐가 현실에서 나의 위치와 행동을 지배한다. 내가 아무리 '나는 그런 사람이 아니다'라고 주장해도 타인이 나를 '그런 사람'으로 보면 나는 현실에서 '그런 사람'으로 간주된다. 현실의 냉혹함이 여기에 있다. 물론 남들이 생각하는 내가 나의 전부라고 할 수는 없다. 하지만 남들이 생각하는 나를 떠나서 나를 말할 수 없다는 게 현실의 논리다.

미국의 사회심리학자 미드(G. H. Mead, 1863~1931)는 이 문제의 심각성을 인식해 소위 상징적 상호작용론(theory of symbolic interactionism)을 창안했다. 그는 인간의 자아(ego, self)를 'I'와 'Me'로 구별해 개인의 사회적 행위를 이해하는 데 크게 기여했다. 'I'와 'Me'는 각각 영어의 주격과 목적격 대명사로서 각각 '주체적 자아'와 '객체적 자아'에 해당한다. '나는 누구인가?'라는 근본적인 물음에 미드는 개인적이고 심리적인 차원의 '나(I)'와 공동체적이고 사회학적인 '나(Me)'를 구분해 설명한다.

'I'는 심리학이나 철학에서 이미 주목해 왔기 때문에 새로울 게 없다. 그의 공적은 'Me'의 발견에 있다. 'Me'는 '타인이 생각하는 나'이다. 사회적 관계에서는 'I'가 아니라 'Me'가 의미를 갖는다. 나는 I가 아니라 Me를 통해 사회에서 타인과 소통하기 때문이다. 나는 내가 생각하는 '나'가 아니라 타인이 설정한 나를 통해 타인과 관계한다. 타인이 보는 '나'가 아니라 내가 보는 나를 바탕으로 사회적 관계를 시도하면 타인들은 소통의 객관적인 통로를 잃어 나와 관계할 수 없게 된다. 물론 Me가 나와 무관하게 형성되는 것은 아니다. Me는 '나'에 바탕을 두지만 '나'가 형성하지는 않는다. Me는 타인이 보는 나이지 내가 보는 '나'가 아니기 때문이다.

내 이름이 '유헌식'이라고 하면, 내가 생각하는 '유헌식'과 타인들이 생각하는 '유헌식'은 같지 않다. '유헌식'이라는 이름(기호)이 나의 정체성을 외부적으로 대변한다고 할 때 내 친구들이 그 이름을 듣고 머릿속에 떠올리는 이미지는 내가 생각하는 '나'와 같지 않다. 내 친구들이 나에 대해 말할 때 그들이 파악한 '나'와 내가 생각하는 '나'는 다르다. 내 친구들이 '나'라고 말하는 그 '나'가 곧 'Me'이다. 'Me'는 그들이 나에 대해 기대하는 '나'로서 이 'Me'에 맞게 내가 반응하지 않으면 그들은 '나'를 낯설게 인식한다. 그들의 기대에 호응해 반응하는 '나'는 그들의 기대가 '나를' 움직인다는 점에서 목적격인 'Me'라고 칭한다.

이렇게 사회적 관계에서 통용되는 나(Me)만이 나인 것은 아니다. '나를'이 아닌 '내가(I)'라는 주체적인 나 또한 존재한다. 'I'는 사회적인 'Me'와 구별되며 개별적이고 심리적인 성향을 띤다. 'I'는 타인에 의해 규정된 나 밖의 나로서 타인과 소통할 때 작동하는 'Me'와 달리 타인에게 열려 있지 않은 곳에서 작동하는 주체적인 나다. 'I'는 'Me'로 환원되지 않는 내 안의 잠재된 능력 혹은 성향이라는 점에서 사회적 관계에서 통용되는 'Me'가 변화될 수 있는 준거점인 셈이다. 'I'로 인해 나는 '새로운 나'가 될 수 있다. 'I'에 잠재된 성향이 밖으로 드러나면 처음엔 낯설게 느끼지만 그 성향이 반복적으로 출현하면 타인들도 그러한 나에 익숙해진다. 결국 겉으로 드러난 'I'는 다시 'Me'가 되어 사회적 관계에서 통용되기 시작한다.

타인의 인정은 나를 춤추게 한다

타인의 시선과 인정은 일상생활에서 생각보다 중요한 의미를 지닌다. 남이 나를 어떻게 보느냐에 괘념치 말라고 충고하지만 나에 대한 타인의 평가는 그렇게 간단히 넘길 사항이 아니다. 눈치 볼 필요 없이 자신이 하고 싶은 대로 하며 살라고 말한다. 하지만 그게 생각처럼 쉽지 않다. 타인의 시선을 의식하며 그에 맞게 행동하지 않을 경우 나에게 돌아오는 불이익을 감당하기 힘들기 때문이다. 게다가 타인이 나를 어떻게 보는가 하는 문제는 나의 자존감과 자신감을 일깨우는 역할을 한다.

타인의 인정이 개인의 삶에 미치는 영향을 인상적으로 그려 낸 작품으로 스타인벡(J. Steinbeck, 1902~1968)의 『에덴의 동쪽』을 들 수 있다. 이 소설은 미국 서부의 한 마을에서 벌어지는 두 가족의 3대에 걸친 이야기를 다룬 방대한 작품으로 다양한 인물을 등장시켜 인간의 원죄와 구원의 문제를 깊이 있게 파헤친다. 여기에서는 타인의 인정 문제와 관련해 아버지 애덤 트래스크가 쌍둥이 형제 아론과 칼에게 보인 태도에 초점을 맞추어 살펴보기로 하자. 『에덴의 동쪽』은 『성서』「창세기」의 카인과 아벨 이야기를 모티프로 삼고 있다. 카인과 아벨에 대한 하나님의 태도를 소설은 아론과 칼에 대한 아버지 애덤의 태도에 투사해 묘사한다.

　형 아론은 잘생긴 외모에 순종적인 성품을 지닌 모범생이지만 동생 칼은 호감 가는 외모도 아니고 거친 성품의 반항아이다. 아버지 애덤은 은연중에 아론을 편애한다. 예민한 칼은 형에 대한 아버지의 사랑이 당연하다고 생각하면서도 아버지의 사랑을 갈구한다. 애덤의 새로운 사업이 실패해 엄청난 손실을 보자 칼은 아버지를 기쁘게 하려고 돈을 벌기로 결심하고 전쟁으로 콩값이 오르는 기회를 틈타 콩 장사로 많은 돈을 벌어들인다. 칼이 그 돈을 건네자 애덤은 전쟁이라는 끔찍한 상황을 이용해 번 돈은 받을 수 없다고 거절하면서 이렇게 말한다.

> 만일 네가……네 형이 갖고 있는 자질, 다시 말해 자기가 하는 일에 대한 자부심, 그리고 그 일이 진척되었을 때 느끼는 기쁨 같은 것을 내게 보여 주었더라면 나는 정말로 기뻤을 거다. 아무리 깨끗한 돈이라 하더라도 돈은 거기에 비하면 아무것도 아니야. (2권, 정회성 옮김, 민음사, 2013, 528쪽)

　형 아론은 특별히 노력을 기울이지 않아도 인정받는 데 반해 아버지를 기쁘게 해 드리겠다는 일념으로 열심히 노력한 칼은 인정받지 못한다. 그간 느끼던 형에 대한 질투심이 폭발한 칼은 그에게 상처를 주기 위해 혼자만 알고 있었던 사실, 즉 어머니가 자기들을 버리고 부도덕한 생활을 영위하고 있다는 사실을 아론에게 알린다. 순수하고 이상적인 성격의 아론은 큰 충격을 받아 그 길로 군에 입대해 결국 전사하고 만다. 형 아론에 대한 아버지의 애정과 기대 그리고 동생 칼에 대한 아버지의 냉정함과 거부의 태도가 두 인물의 미래를 갈라놓은 것이다. 한 개인이 타인, 특히 부모에게서 인정받지 못하면 가족 간에 불화가 생기고 때로는 이처럼 끔찍한 비극이 일어나기도 한다.

타인에게 받는 인정은 단순히 내 기분을 좋게 하는 데 그치지 않고 내 안의 가능성을 계발하는 데 결정적으로 기여한다. 애들론(P. Adlon) 감독의 영화 〈바그다드 카페〉(1993)는 낯선 타인들 사이에서 상호 인정이 개인 안에 잠재된 능력을 계발하고 혼자 힘으로는 도달하기 어려운 새로운 가능성을 향해 나아가는 모습을 그리고 있다.

독일 남부의 시골에 사는 야스민은 남편과 함께 미국 여행을 떠난다. 라스베이거스로 가는 도중 자동차가 고장 나면서 남편과 다툰 야스민은 혼자 호텔을 찾다가 사막같이 황량한 곳에서 카페 겸 숙박업소인 '바그다드 카페'를 발견한다. 흑인 여성 브렌다가 주인인 바그다드 카페에서 사람들은 야스민이 오기 전까지 아무런 소통이 없이 제각각으로 흩어져 있었다. 그런 카페가 야스민의 등장으로 서서히 변하기 시작한다. 브렌다의 아들은 매일 갓난아이를 옆에 두고 피아노 앞에서 '다른 사람들이 알아듣지 못하는 곡'을 쳐댔는데, 이 곡이 바흐의 〈평균율〉임을 알아챈 야스민이 눈을 감고 감상하자 그의 피아노 소리는 소음에서 명연주로 탈바꿈한다. 그녀는 비행 청소년인 브렌다의 딸과도 인간적으로 소통하며 재기발랄한 춤 실력을 뽐내게 한다. 야스민은 카페 직원의 일을 도우면서 그의 근면을 부추기고, 화가의 모델이 되어 그와 친밀감을 쌓는다. 야스민은 카페 구성원들 각자의 특징을 인정한 것이다.

카페 구성원들은 야스민의 활약으로 생기를 되찾게 된다. 그리고 이 생기는 침체에 빠진 카페를 다시 일으키는 데 결정적으로 기여한다. 각자의 개성이 살아나면서 야스민을 중심으로 하나의 하모니를 이루자 썰렁했던 카페에는 어느새 손님들이 넘쳐난다. 뿔뿔이 흩어져 있던 요소들이 구심점을 향해 모임으로써 시너지 효과를 발휘하게 된 것이다. 카페에서 이들이 함께 춤을 추며 부르는 노래는 '삶은 마술이다(Life is magic)'라는 가사가 반복된다. 서로를 인정하고 힘을 합치면 삶은 마술이 된다.

주인과 노예의 인정투쟁

인간관계에서 서로의 가치를 발견하고 인정하는 일이 이처럼 바람직한 결과를 끌어내기도 하지만, 이해관계가 얽혀 있는 현실의 삶에서는 누군가를 '인정'하는 일이 생각처럼 단순치 않다. 가족이나 친구 사이의 관계가 온실과 같은 곳에서 이루어지는 것과는 달리 현실이라는 야전(野戰)에서는 상대방을 무릎 꿇게 하든가 탈락시켜야 내가 살아남을 수 있기 때문이다. 상호 인정의 문제는 이제 투쟁의 양상으로 전개된다. 이 문제를 철학에서 최초로 정식화한 헤겔은 『정신현상학』의 「자기의식」에서 소위 '주인과 노예의 인정투쟁'을 서술한다. '주노 인정투쟁' 혹은 '주노 승인투쟁'으로 알려진 이 대목은 훗날 마르크스(K. Marx, 1818~1883) 계급투쟁론의 발판이 된다.

헤겔에 따르면 주인과 노예의 인정투쟁은 크게 세 단계를 거친다. 먼저 인간의 의식은 욕구한다. 욕구는 자기에 대한 욕구, 즉 자기의식이다. 욕구로서의 자기의식은 인정받고자 하는 욕구다. 나의 자기의식, 즉 나의 자기동일성을 확보하기 위해서는 나에 대립하는 타자가 정립되어야 한다. 그런데 타자 또한 자기의식을 가지고 있어서 나와 동일한 인정의 욕구를 지닌다. 나와 타자가 각자 자신의 욕구를 충족시키기 위해서는 서로를 부정 혹은 배제해야 한다. 여기서 목숨을 건 싸움이 벌어진다. 자기의식에게는 죽느냐 사느냐 하는 문제보다 타자에게 인정을 받느냐 못 받느냐가 더 중요한 문제다. 목숨을 걸고 싸우지만 어느 하나가 완전히 소멸하는, 즉 죽는 일이 발생해서는 안 된다. 상대가 사라지면 자기가 인정받는 일 자체가 성립하지 않기 때문이다.

싸움의 결과 승자와 패자가 결정된다. 이긴 자는 패배한 자를 지배하고, 패배한 자는 이긴 자에게 예속된다. 이긴 자는 자립적인(자유로운) 의식을 지닌 주인이 되고 패배한 자는 비자립적인(자유롭지 못한) 의식을 지닌 노예가 된다. 노예는 자립적인 의식을 본질적인 것으로 인정하며 주인에게 복종하지만, 주인은 노예의 의식을 비본질적인 것으로 치부하며 노예를 지배한다. 노예가 자연을 경작하거나 사물을 가공해 주인에게 바치면 주인은 그것을 향유한다. 주인의 자유를 위해 노예는 노동한다. 주인은 노예를 매개로 간접적으로 사물과 관계하고 노예는 노동을 통해 사물과 직접 관계한다. 사물과의 관계에서 주인은 노동의 산물을 철저하게 자기 것으로 삼아 무화(無化)시킬 수 있지만, 노예는 사물에 의존한 노동을 통해 인정받고 있기 때문에 사물을 남김없이 무화시킬 수 없다.

노예는 사물과 직접 관계하는 노동 행위를 통해 주인이 자신의 노동에 의존해 생명을 유지한다는 사실을 깨닫는다. 여기서 노예의 자기의식이 싹튼다. 노예는 주인과 달리 사물과 직접 관계하므로 진리는 주인이 아니라 노예의 편이라는 사실을 의식한다. 주인이 자기를 죽일 수도 있다는 공포에 시달리던 노예는 이제 공포를 극복해 자립적인 의식을 획득한다. 결국 노예는 모든 의식이 자유를 지향하는 자기의식이라는 사실을 깨닫고 주인의 종속에서 벗어나 자유에 이른다.

헤겔의 '주인과 노예의 인정투쟁'은 현실을 이해하는 데 도움이 된다. 누가 누구를 무엇 때문에 인정하는가 하는 문제는 현실의 진행 방향을 결정하는 핵심 사항이다. 주인과 노예의 관계는 요즘 말로 '갑(甲)과 을(乙)의 관계'로 바꿀 수 있다. 인정하는 쪽은 '갑'이고 인정받는 쪽은 '을'이다. 누가 무엇 때문에 상대를 인정하는가 하는 문제에서 '무엇 때문에', 즉 인정의 근거 혹은 이유가 바뀌면 갑과 을의 관계도 바뀔 수 있다는 게 헤겔 이후 좌파적 지식인들, 특히 마르크스의 생각이다. 헤겔 좌파에게 인정의 근거가 의식에서 노동으로 전환되면서 단순히 갑과 을의 상호 인정이 아니라 을이 갑을 전복시킬 수 있고 또 전복시켜야 한다는 주장이 호소력을 지니게 된다. 여기서 타자의 욕망과 관련해 일차적으로 주목해야 할 점은 '자기'인 주인에 대하여 '타자'로서의 노예, 농노, 노동자, 을(乙)이 주체로 등장한다는 사실이다. 비록 마르크스주의자들의 생각과 달리 세계사에서 후자가 전자로부터 주도권을 쟁취하지는 못했지만, 적어도 사회·역사적 맥락에서 주인의 자기동일성에 포섭되지 않은 노예가 타자적 자립성을 확보하는 데에는 성공한 셈이다.

타자는 자기에 선행한다?

'타자의 문제'가 철학을 비롯한 인문학 영역에서 본격적으로 논의되기 시작한 지는 오래되지 않았다. 자기를 중심으로 타자를 규정하는 철학의 오랜 전통, 특히 고전 철학의 정점인 헤겔 철학이 결과적으로 정신의 자기동일성을 지향하면서 정통적인 철학 일반은 형이상학이든 인식론이든 논리학이든 자기동일성을 토대로 삼지 않고는 성립할 수 없는 것으로 여겨졌다. 하지만 자기중심적인 철학은 프랑스 현대 철학의 출현과 더불어 크게 흔들린다. 오늘날 해체론(deconstructionism), 후기구조주의(post-structuralism) 혹은 포스트모더니즘(post-modernism)으로 일컬어지는 일군의 철학자들이 자기가 아니라 타자, 동일성이 아니라 차이성을 부각하면서 자기의 지배권에 대항하는 타자의 독립성과 자율성은 철학의 전 영역에서 힘을 받기 시작했다. 프랑스 현대 철학자들은 타자가 단순히 자기의 결핍이나 투사나 잉여가 아니라는 소극적인 주장을 펼치는 데 그치지 않고, 타자는 그 자체로 자기를 활동하게 하는 원천으로서 자기가 타자를 규정하지 않고 오히려 타자가 자기를 규정한다는 적극적인 논지를 전개해 나간다.

자기에 대한 타자의 적극적 개입과 관련해 누구보다 전면적이고 혁신적인 논리를 피력한 인물이 바로 라캉(J. Lacan, 1901~1981)이다. 그의 욕망 이론에 따르면 자기로서의 나는 타자의 욕망을 욕망한다. 내가 무언가를 원할 때 내가 원하는 것은 나에게서 비롯하지 않고 내 밖, 즉 타자에서 비롯한다는 것이다. 라캉은 '내가 없는 곳에 내가 있다', '나는 타자다'와 같은 도발적인 명제를 제시해 이전의 정신분석학을 재조명하고 자기중심적인 철학적 사유의 틀을 재구성할 것을 제안한다. 그에 따르면 나는 타자의 시니피앙(signifiant)에 따라 움직일 따름이다.

'내 욕구의 출처'를 반성하게 하는 라캉의 테제는 인문학뿐만 아니라 예술에서도 큰 반향을 일으켰다. LED 설치미술가인 홀저(J. Holzer, 1950~)는 뉴욕 타임스퀘어 광장에 세워진 대형 전광판에 "Protect me from what I want!"와 같은 문장을 띄웠다. '내가 원하는 것으로부터 나를 보호하라니?' 출근길 뉴요커들은 바쁜 발걸음을 멈추고 잠시 생각에 잠긴다. '내가 원하는 것'은 정말로 '내가' 원하는 것일까? 홀저의 전광판 작품은 '당신이 원하는 것은 실제로는 당신이 원하는 것이 아니라 남들이 원하는 것일 뿐이다'라는 메시지를 던진다. 그렇다면 '나의 욕구'란 대체 어디에서 찾을 수 있을까? 나의 욕구라는 것이 있기나 한 것인가? 나의 욕구와 타자의 욕구의 경계는 무엇인가? 무엇을 과연 나의 욕구라고 할 수 있나? 이런 의문들이 꼬리를 물고 일어난다.

타자가 지닌 기호의 의미, 즉 시니피에(signifié)가 아니라 기호의 표시, 즉 시니피앙에 따라 내 욕망의 성향과 방향이 결정된다는 라캉의 주장은 개인이 상품을 구매하는 데에도 그대로 적용된다. 우리에게『시뮬라시옹』의 저자로 잘 알려진 보드리야르(J. Baudrillard, 1929~2007)는『소비의 사회』에서 현대 자본주의 사회에서 개인의 소비, 즉 상품 구매 행위는 상품 자체가 지닌 실질적인 사용가치(시니피에)가 아니라 상품의 소비를 통해 자신에게 주어지는 사회적 표시(시니피앙)를 위한 것이라고 설명한다. 기업들은 하나같이 고객이 '무엇을 얼마나 사게 할 것인가'에 골몰한다. 인간의 욕망을 자극하는 상품들을 부단히 제시하면서, '이 상품이 바로 당신이 원하던 것입니다!'라고 상품 구매를 부추긴다. 그리고 '당신이 소비하는 바로 그것이 당신인지 누구인지를 말해 줍니다'라고 속삭인다.

소비자는 특정 상품을 구매해 소비함으로써 자신이 아니라 타자(기업)가 만들어 낸 기호의 사회적 의미에 편승한다. '명품'이라고 알려진 것을 향해 우리의 욕구는 줄을 선다. '명품'을 착용하면 나는 명품이 된다. 여기서 나는 사라지고 타자만 남는다. 나의 욕구를 타자가 결정한다. 그런데도 소비자인 나는 정작 그 욕구가 나의 욕구인 양 착각한다. 보드리야르의 소비사회론에 따르면 현대인은 타자의 기호를 소비하면서 산다. 그러니까 나의 취향, 기호, 욕구 등은 내가 스스로 결정하는 것이 아니라 나의 밖에서 밀려오는 타자적인 욕구에 의해 결정된다. 나의 욕구는 기업의 이익을 창출하기 위해 광고 회사가 제작해 내는 문구와 이미지에 의해 좌우된다. 그래서 내가 무엇을 원하는지가 아니라 그들이 무엇을 원하는지에 따라 나의 욕구가 생겨나고, 그렇게 사회적으로 조장된 욕구를 충족하기 위해 나는 부단히 노력하지 않으면 안 된다. 내 삶을 내가 살지 못하고 타인의 욕구에 내 삶을 맡기는 기괴한 현상이 벌어지게 된다.

조건으로서의 타자성과 나의 실존적 결단

타자 문제를 다룰 때 빼놓을 수 없는 인물이 데리다(J. Derrida, 1930~2004)이다. 그는 오늘날 들뢰즈와 더불어 프랑스 해체주의 혹은 후기구조주의를 지탱하고 있다. 데리다는 차연(差延, différance)이라는 새로운 용어를 만들어 자신의 철학적 사고를 설명한다. 차연은 차이(差異)와 연기(延期)의 합성어다. 차연을 통해 데리다는 동일성이 아니라 차이성이 존재의 근원이라는 해체론의 기본적인 입장을 드러내는 데 그치지 않고, 어떤 대상에 관해 규정하기 위해서 우리는 매번의 규정되는 것 그 뒤로 끊임없이 후퇴해 최종적인 규정을 '연기'하지 않을 수 없게 된다고 말함으로써 '차이(difference)'라는 단어의 미흡함을 보충한다. 존재의 차연에 따르면 타자는 항상 '미끌미끌'해서 내가 붙잡으면 이미 빠져나가고 있어 어떤 식으로도 타자를 붙잡는 일은 불가능하다. 타자는 본래가 내가 원하는 방향에 맞추어 움직이지 않게 되어 있다. 타자는 항상 나를 배반할 준비가 되어 있다. 이러한 사태를 일상에 비추어 보면 연인의 배반은 불가피하다.

백과전서적 지식인이자 해체와 융합의 철학자 세르(M. Serres, 1930~)는 『헤르메스』에서 다음과 같은 비유를 통해 타자성이 자기성에 선행한다는 사실을 압축적으로 설명한다. 지금까지의 철학은 동일성이라는 바다에 차이성이라는 섬이 떠 있다고 본 데 반하여, 지금부터의 철학은 차이성이라는 바다에 동일성이라는 섬이 떠 있는 것으로 본다. 전자에서는 자기의 동일성이 불변적인 토대를 이루고 타자의 차이성은 유동적인 주변을 이룬다면, 후자에서는 그 반대가 옳다. 차이성이 전자에서는 있다가 없어지기도 하는 우연적인 사태인 데 반해, 후자에서는 본령을 이룸으로써 동일성이 오히려 일시적으로 마치 있는 것처럼 보이다가 어느 날 갑자기 자취를 감추어 버리는 우발적이고 요행적인 사태로 취급된다. 전자에서는 차이성이 동일성의 결핍으로서 부정의 대상이었다면, 후자에서 차이성은 동일성에서 독립해 있을 뿐만 아니라 존재적 위상에서 동일성보다 한층 상위에 있으면서 적극적으로 동일성을 주재한다. 그리하여 차이성은 이제 동일성이 출현하는 전제 혹은 토대이자 동일성을 변화시키는 능동적 주체로 작용한다.

오늘날 인문학계에서 벌어지는 모더니즘과 포스트모더니즘 논쟁의 중심에 있는 타자 문제는 차이성에 대한 인문학자들의 태도와 직접 연관되어 있다. 사태를 단순화해서 표현한다면 자기동일성에서 타자 차이성으로 중심이 이동하면서 모더니즘에서 포스트모더니즘으로 변화가 진행되었다고 말할 수 있다. 모더니즘을 대표하는 독일 철학자 하버마스(J. Habermas, 1929~)가 상호주관성을 토대로 '타인과의 소통'을 중시하긴 하지만, 그의 의사소통행위 이론은 여전히 근대 이성의 위력을 믿어 합리적 의사소통을 현대사회의 문제를 해결하기 위한 실마리로 제시한다는 점에서 주체의 자기동일성 철학에 입각해 있다고 할 수 있다. 이러한 하버마스의 시각과 주장에 대해 차이성에 주안점을 두는 프랑스 해체론자들의 반격이 거세지만 아직 만족스러운 결론에 이르지는 못하고 있는 실정이다.

타자 문제는 철학의 담론에서뿐만 아니라 일상생활에서도 중대 사안이다. 타자 문제를 배제하고는 어떠한 해결책도 공염불에 지나지 않는다. 내가 내 길을 제대로 가기 위해서 '타자'는 항상 '문제'로 등장하고, 이 문제 상황을 어떻게 극복할 것인가는 삶의 성패를 가를 것이기 때문이다. 내 삶을 내가 사는 것 같아도 우리는 끊임없이 타인에 의해 요구되고 조장되는 삶에서 벗어나기 어렵다. 더구나 후기구조주의적 인간 이해에 따르면 인간의 욕구는 타자를 지향할 뿐만 아니라 본질적으로 타자의 영향권을 벗어날 수 없다. 그렇다면 '나의 길'을 찾아가는 일은 공허한 자기기만 행위가 아닐까?

　나의 관심과 욕구가 타자에 의존한다고 해서 그것이 곧 내 삶이 타자에 의해 결정된다는 뜻은 아니다. 타자 관계의 불가피성은 삶의 조건이지 결정 요인은 아니다. 타인의 장단에 맞춰 춤출 수밖에 없다고 해도 타인의 어떤 장단에 맞출 것인지는 내가 결정할 수 있다. 타인이 만든 게임 룰을 따른다 해도 게임의 진행은 저마다 다르다. 타자가 나의 욕구를 자극해도 반응 방식은 내가 정할 수 있다. 사르트르식으로 말하면, 나는 타자 관계를 떠날 수 없어도 내게 주어진 타자적 요소들을 나의 실존적 결단을 통해 자유롭게 선택하고 조합할 수 있는 주체이며, 그에 대한 책임은 전적으로 나의 몫이다.

4장

나를 키우는
경험

나는 타자를 향해 있을 필요가 있다. 타자를 거치지 않고는 내 안에 무엇이 잠재해 있는지 알 수 없기 때문이다. 타자는 나를 일깨우는 매개자다. '나'가 아니라 '타자' 쪽에서 나를 바라봐 나를 평가하고 수정할 수 있는 길을 개척한 공적은 영국의 경험론에 돌려야 한다.

베이컨과 도서관

영국 경험론의 선구자 베이컨(F. Bacon, 1561~1626)은 『신기관』에서 다음과 같은 구체적인 예시를 통해 당시 학문 연구 방법의 빈곤함을 지적한다.

도서관으로 눈을 돌려보자. 시야에 들어오는 책이 엄청나게 많은 것을 보고 감탄하는 사람이 있다면, 그런 사람들은 그 많은 책의 재료와 내용을 주의 깊게 살펴보기를 권한다. 그러면 벌어졌던 입이 다물어지고, 대신 불평이 나오고야 말 것이다. '어찌하여 같은 이야기를 끝없이 반복하는가, 똑같은 일을 하고 똑같은 것을 말한 사람이 어찌하여 이다지도 많은가' 하고 말이다. 종류가 많은 것에 감탄하던 사람이 이번에는 재료가 얼마나 빈곤한가를 보고는, 인간이 지금까지 전심전력으로 연구했다는 것이 고작 이것이란 말인가 하고 놀라게 될 것이다. (진석용 옮김, 한길사, 2002, 95쪽)

모든 학문은 인류의 발전에 꾸준히 기여해 왔다. 그런데도 베이컨은 탄식한다. "그토록 장구한 세월이 지났는데도 기술과 발견이 어찌 이토록 빈곤하고 부족한가!" 학문 연구 방법이 잘못되어 '생산적인 결과'를 일구어 내는 데 실패했기 때문이다.

지금까지 학문에 종사한 사람들은 경험에만 의존했거나 독단을 휘두르는 사람들이었다. 경험론자들은 개미처럼 오로지 모아서 사용하고, 독단론자들은 거미처럼 자기 속을 풀어서 집을 짓는다. 그러나 꿀벌은 중용을 취해 뜰이나 들에 핀 꽃에서 재료를 구해다 자신의 힘으로 변화시켜 소화한다. 참된 철학의 임무는 바로 이와 비슷하다. 참된 철학은 오로지 (혹은 주로) 정신의 힘에만 기댈 것도 아니고, 자연지(知)나 기계적 실험을 통해 얻은 재료를 가공하지 않은 채로 기억 속에 비축할 것도 아니다. 그것을 지성의 힘으로 변화시켜 소화해야 하는 것이다. (107쪽)

문제는 생산성이다. 베이컨에 따르면 지금까지의 합리주의자나 경험주의자는 지식을 생산적으로 구축하는 데 실패했다. 합리주의자(거미)처럼 자기 안에서 지식을 풀어내려고 해서도 안 되지만, 경험주의자(개미)처럼 지식을 무조건 끌어모으려고만 해서도 안 된다. 지성(추론)과 경험(실험과 관찰)이 동시에 작동해야만 생산적 지식을 산출할 수 있다.

앞서 언급했듯이 학문은 혼돈에서 질서를 찾기도 하고 만들기도 하여 타자인 자연을 설명하기도 하고 그에 대항하기도 한다. 학문은 인류가 기아, 질병, 재해 등에서 벗어나는 데 크게 기여했다. 하지만 뜻있는 이들의 부단한 학문적 노력에도 불구하고 인류는 여전히 기아와 질병으로 허덕이고 있다. 도서관의 책들이 다수의 불행을 막을 수 없었던 것은 지식 축적의 방법이 잘못되었던 데, 다시 말해 올바른 경험에 근거해 '새로운 지식'을 창출하지 않은 데 책임이 있다. 그리고 그 책임은 무엇보다 이성주의의 연역법에 있다. 전제에서 필연적으로 결론을 도출하는 연역 방식은 동일한 것의 반복 혹은 확대재생산에 머무른 결과 새로운 지식을 낳지 못한 채 지식이 제자리걸음을 하게 만들었다. 그래서 이성의 추론을 바탕으로 하는 연역법 대신 대상에 대한 경험을 일반화하는 귀납법이 학문 연구 방법으로 적절하다고 베이컨은 역설한다.

베이컨의 '경험'은 내가 내 안이 아니라 내 밖에 머물기를 요구한다. 나를 대상에 열어 놓게 한다. 나를 타인(타자)에게 열어 놓지 않고 내가 성장할 수 있는 길은 없다. 새로운 나의 출현은 내가 나의 내면을 살펴 성찰할 때보다는 오히려 관심을 바깥으로 돌릴 때 가능하다. 경험주의는 주관적 생각이 세계 혹은 대상에 대해 저지르기 쉬운 판단 착오를 경계한다. 세계는 내가 생각하는 대로 있는 게 아니다. 내가 전지전능한 존재가 아닌 한 내 생각은 항상 한계를 지닌다. 한계의 확장은 이성의 판단이 아니라 경험에서 비롯한다. 경험은 나를 닫힌 세계에서 해방시킨다. 세계의 실상(實像)은 타자에 대한 나의 경험을 통해 모습을 드러낸다.

나를 기준으로 볼 때 타자는 맥락에 따라 타인, 사물, 자연, 사건, 사회, 역사, 신 등이 될 수 있다. '나의 성장·성숙'의 측면에서 생각할 때, 이들 타자는 모두 내가 고려해야 할 사항이다. 닮고 싶은 타인이 있는가 하면, 한낱 돌에서 생의 의지를 배우고, 저녁노을에 황홀해하고, 고속도로의 차에 치여 찢긴 동물의 사체에서 연민을 느끼고, 양극화가 심화되고 있는 사회에 분노하고, 일제와 나치의 만행에 반성하고, 조물주의 섭리 앞에서 겸허해지기도 한다. 이 모든 타자 관계를 나의 성장에 고려할 필요가 있다. 이들에게 나를 열어 놓지 않고 나의 길을 제대로 간다고 말할 수 없다. 내가 '내가 되기' 위해 역설적으로 타자에게 눈과 귀를 열어 놓아야 한다. 그런데 타자에게 나를 '어떻게' 열어 놓아야 나는 성장·성숙할 수 있을까? 타자가 나에게 다가오는 방식, 정확히 말하면 내가 타자를 수용하는 방식이 이제 화두가 된다.

'반짝!' 하는 순간

타자에 대한 경험은 모티프일 뿐 그 자체가 필연적으로 내 성장으로 이어지지는 않는다. 라이너(R. Reiner) 감독의 영화 〈스탠 바이 미〉(1986)를 보자. 작은 마을 캐슬록에 사는 네 소년 고디, 크리스, 테디, 번은 막역한 친구 사이다. 어느 날 번은 행방불명된 어느 소년의 시체가 저 멀리 숲에 있다는 사실을 전해 듣고 친구들에게 알린다. 네 소년은 시체를 찾으면 자신들이 동네 영웅이 될 거라는 생각에 호기심 반 모험심 반으로 시체를 찾아 마을을 떠난다. 우여곡절 끝에 네 소년은 목적지에 도달해 시체를 목격하고 영웅 심리에 들떠 있던 객쩍은 마음을 뉘우치게 된다. 마을로 되돌아오는 그들은 더 이상 이전의 그들이 아니었다. 시체를 직접 본 경험은 그들을 더 이상 어린아이에 머물게 하지 않았다.

시체를 찾는 여정에서 네 소년은 다양한 방식으로 새로운 체험을 한다. 막연히 상상만 했던 마을의 악명 높은 개 '차퍼'를 직접 만나면서 실제로 차퍼가 얼마나 무서운지 깨닫는다. 그런가 하면 말로만 듣던 '거머리'에게 직접 피를 빨리면서 기절하기도 하고, 철길을 건너다 맞은편에서 오던 기차에 치일 뻔한 고비를 넘기기도 한다. 하지만 이렇게 낯설고 새로운 경험도 시체를 직접 보는 경험에 비할 바는 아니었다. "그는 자는 것도 아니고 아픈 것도 아니고 죽어 있었다." 영화에서 내레이터 역할을 하는 고디의 대사다. 시체를 보기 전만 해도 '죽은 사람'은 마치 '잠든 사람'이나 '아픈 사람'과 비슷할 거라고 생각했다. 그런데 실제의 시체는 자신들이 막연하게 상상한 것과 너무 달랐다. 지금까지 자신들이 상상해 온 것과의 절대적인 거리에서 그들은 처음으로 낯설고 섬뜩한 타자를 경험한다. 시체를 찾으러 갈 때만 해도 시체를 찾게 되면 자기들이 신문에 기사화되어 영웅 대접을 받게 되리라는 기대를 품었던 그들의 들뜬 기분은 이제 말끔히 사라진다. 그들은 시체를 익명으로 제보하기로 한다. 동네 입구에 들어서는 그들의 눈에 "마을은 작아져 있었다." 마을이 실제로 작아졌을리 만무하다. 시체 찾기의 여정이 그들을 성장시킨 것이다.

〈스탠 바이 미〉에 나타난 아이들의 시체 찾기는 나의 성장에서 경험 혹은 체험의 중요성을 실감하게 한다. 하지만 여기에 주목해야 할 사항은 경험은 그 자체만으로 나를 성장으로 이끌지 않는다는 사실이다. 경험을 많이 한다고 해서 그것이 곧 나를 성장시키는 건 아니다. 경험의 양이 아니라 질이 관건이다. 어떤 경험이 나에게 충격적으로 다가오지 않으면 그 경험은 나의 성장에 직접 영향을 미치지 못한다. 똑같은 경험이 누군가에게는 충격적이지만 다른 누군가에게는 그렇지 않은 경우를 종종 보게 된다. 다양하고 반복적인 경험이 새로운 나와 새로운 세계의 출현을 담보하지는 않는다. 무조건 많은 경험이 능사가 아니라 경험을 통해 내 안에 불이 켜지듯 '반짝!' 하는 순간을 만날 수 있어야 한다. 투르니에가 『방드르디 태평양의 끝』에서 말한 것처럼 나에게 '딸까닥!' 하는 그런 순간이 필요하다. 연속적인 흐름을 끊고 '반짝!' 하는 느낌이 뇌리를 스치는 순간이 나로 하여금 세계를 새롭게 보게 만든다.

유물변증법에서 말하듯이 양의 축적이 질의 변화를 일으키는 경우가 없는 것은 아니다. 하지만 경험을 아무리 축적해도 질적 변화로 이어지지 않는 일이 허다하다. 결국 어떤 질의 경험을 했느냐가 관건이다. 우리를 성장시키는 것은 많은 양의 경험이 아니라 특별한 성질의 경험이다. 복싱에 비유하면 상대를 쓰러뜨리기 위해서는 열심히 주먹을 뻗는 것만으로는 충분치 않다는 말이다. 심판이 판정을 내릴 때 누가 열심히 팔을 뻗었느냐가 아니라 누가 더 '유효한 타격'을 많이 가했느냐가 관건이 된다. 유효타(有效打)는 복싱에서뿐만 아니라 야구나 태권도, 특히 펜싱 경기에서 채점의 기준이 된다. 아무데나 타격을 가한다고 해서 점수를 받는 건 아니다. 상대방에게 치명적일 수 있는 부위를 찌르거나 때릴 때 유효타로 인정받는다.

충격으로서의 경험

미국 '프래그머티즘'의 선구자 퍼스(C. S. Peirce, 1839~1914)는 『논문 모음집(*Collected Papers*)』에서 '경험'을 종래의 영국 경험론자들과는 다른 방식으로 설명한다. 그는 외부의 감각과 지각에 따른 관념의 생성 그 자체가 경험이 아니라 외부에서 오는 자극이 수용자에게 충격으로 다가올 때 그에게 경험이라고 부를 만한 사건이 발생한다고 말한다. 이해를 돕기 위해 퍼스는 이런 예를 든다.

내가 철길의 건널목에 서서 기차가 지나가기를 기다리고 있다고 하자. 저쪽에서 기차가 기적 소리를 내며 내가 서 있는 쪽으로 달려온다. 내 귀에 기적 소리는 점점 크게 들린다. 그러다가 기차가 내 앞을 지나자마자 '뿌앙!' 소리에 나는 깜짝 놀란다. 이 '놀람'은 어디에서 비롯할까? 기차가 멀리서 내게 점점 가까워지면 기적 소리도 점점 크게 들리는데 나의 귀는 관성의 법칙에 따라 기차가 내 앞을 지난 뒤에도 기적 소리가 계속 커질 것으로 예상한다. 그런데 기차가 내 앞을 막

지나는 순간은 기적 소리가 물리적으로는 막 작아지기 시작하는 순간이기도 하다. 여기서 놀람이라는 현상은 기적 소리가 점점 커질 것이라는 나의 주관적인 기대와 달리 객관적으로는 기적 소리가 점점 작아지는 데 따른 격차에서 비롯한다.

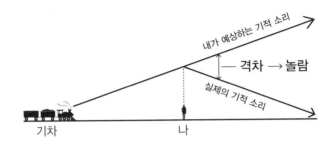

무릇 놀람이란 관성적인 심리적 기대를 배반하는 예기치 않은 타자의 개입에서 생긴다. 만일 기차가 내 앞을 지난 뒤에도 기적 소리가 계속해서 커졌다면 나는 놀라지 않았을 것이다. 나의 기대에 부응했기 때문이다. 그런데 실제에서는 그 반대로 기적 소리가 작아진다. 내가 기대한 기적 소리와 실제 기적 소리에 일순간 생긴 간극을 메워 다시 평형을 유지하려는 심리 기제가 작동하는 데에서 '깜짝 놀람'의 현상이 발생한다.

경험이란 이렇듯 경험하는 주체의 관성적인 기대에 부합하지 않는 외부로부터의 경험이 나에게 충격으로 다가올 때만 유의미하다는 것이 퍼스의 설명이다. 〈스탠 바이 미〉에서 고디가 시체에 대해 막연하게 관성적으로 기대하던 이미지, 즉 죽은 사람은 깊이 잠이 들었거나 많이 아픈 사람처럼 보일 것이라는 예상과 달리 전적으로 낯선 대상임을 깨닫고 큰 충격을 받아 죽음에 대해 예전과는 질적으로 달리 생각하게 되는 장면도 퍼스의 견해를 뒷받침한다.

동일한 경험을 한다 해도 그것이 얼마나 큰 충격으로 다가오느냐는 사람에 따라 다르다. 〈스탠 바이 미〉에서 '시체'를 보고 가장 충격을 받은 인물이 고디다. 그는 다른 아이들과 달리 형의 죽음으로 장례를 치른 적이 있다. 그리고 문학적 감수성이 풍부해 글쓰기에 재능을 보인다. 이런 경험과 성향을 지닌 고디는 '시체'에 남달리 예민하게 반응한다. 헤세가 『데미안』에서 "자기 안에 없는 것은 결코 자기를 흥분시키지 않는다"고 말했듯이, 고디는 '시체'에 예민하게 반응할 수 있는 요소를 자기 안에 이미 지니고 있었던 것이다.

놀랄 수 있는 능력

어떤 경험이 나에게 충격으로 다가오는 한에서만 그 경험은 나에게 새로운 의미를 부여해 질적으로 한 단계 성장할 수 있는 토대를 제공한다. 외부에서 아무리 많은 것이 주어져도 나에게 수용할 수 있는 여지 혹은 능력이 없으면 그것은 나를 의미 없이 스쳐 갈 뿐이다. 그러므로 성장하려면 경험이 나에게 특별한 의미를 지닐 수 있게 부단히 내 안의 수용 능력을 길러야 한다. 그러기 위해서는 무엇보다 '놀랄 수 있는 능력'이 필요하다. 주어진 현상을 놀랍게 바라보고 느낄수록 나는 그만큼 더 성장할 수 있다.

앞서 퍼스가 '충격'을 경험의 기준으로 제시했을 때 그는 '놀람'을 통해서만 유의미한 경험에 진입하게 되고 이를 통해 세계에 대해 실질적 지식을 축적할 수 있다고 말하려는 것이다. 아리스토텔레스가 철학적 사유의 출발점으로 '경이(驚異, thaumazein)'를 말했던 것도 이러한 맥락에서 이해할 수 있다. 주위의 현상에 지적인 경이감을 가지고 접근할 때 사태의 진면목에 한 발 다가서게 된다.

사태를 놀랍게 바라보는 태도는 비단 철학에만 필요한 게 아니다. 모든 학문과 일상의 활동에 '놀랄 수 있는 능력'이 바탕이 되면 사물과 세계를 한층 깊고 이론적으로 파악할 수 있다. 놀랄 줄 모르는 사람은 성장할 수 없다. 놀랄 준비가 되어 있을 것! 그래야만 밖에서 무언가가 들어왔을 때 '반짝!' 하는 순간을 가질 수 있다. 그리고 그런 순간들을 통해 나는 새로운 의미를 삶에 추가할 수 있게 된다.

'그것은 왜 그런가?', '그것은 왜 달리 되지 않고 하필 그렇게 되었나?'와 같은 물음은 철학적 주제이지만, 지적 호기심이 있는 사람들이라면 당연한 물음이다. '세계는 왜 없지 않고 있는가?'라는 물음은 철학의 전형적인 물음 가운데 하나다. 주위의 모든 것은 이미 어떤 형태와 의미를 띠고 내 앞에 놓여 있다. 이것들은 옳고 그름을 떠나 내 마음에 들거나 그렇지 않거나 상관없이 특정한 성격을 띠고 내 주위에 놓여 있다. 개인이든 사회든 특정한 형태와 방식으로 내 앞에 있다. 사물들은 달리 생길 수도 있는데 하필이면 왜 이렇게 생겼을까? 인간은 달리 생각하고 달리 행동할 수도 있을 것 같은데 왜 하필이렇게 생각하고 이렇게 행동하는 것일까? 이런 물음들은 대단히 추상적이고 보편적이어서 단번에 답하기 어렵지만, 이 물음들에 답변을 시도하는 일은 사태를 근본적으로 파악하고자 하는 철학적 사유의 출발점이다. 철학의 영역이 아니더라도 일상의 현상에 대해서도 의문의 눈초리를 가지고 '저것은 왜 달리 되지 않고 하필이면 저렇게 되었나?'라고 묻는 일은 주어진 현상의 의미를 이해하는 데뿐만 아니라 그 현상과는 다른 현상의 가능성을 열 수 있는 조건과 계기가 된다.

모든 개인은 각자가 너무나 '나'이기 때문에 밖에서 어떤 낯선 것이 나에게 주어져도 이를 낯선 것 그 자체로 받아들이기보다는, '나'의 안전을 해치지 않는 범위에서 나에게 적합하고 익숙한 것으로 수용하는 경향을 보인다. 자아중심적 사고는 이렇게 성립한다. 하지만 '경험'의 영역을 진지하게 고려한다면, 이러한 태도는 바람직하지 않다. 경험의 영역에서는 '나'보다 '타자', 즉 낯선 것이 우선적 가치를 지닌다. 낯선 것에 나를 활짝 열어 놓을 수 있을 때 경험은 진정한 의미를 지니게 된다. 놀람은 타자 또는 타인에게 나를 열어 놓는 자에게만 찾아온다. '나'를 앞세워 낯선 것에 저항하면 '나'를 일시적으로 보호할 수는 있으나 '새로운 나'를 만나는 데 실패할 수밖에 없다.

'놀랄 수 있는 힘'은 비단 철학뿐만 아니라 일상에서 새로운 나를 만나고자 하는 이에게는 필수적인 자질이다. 매사에 깜짝깜짝 놀라는 건 병이겠지만 새로운 것을 깨닫는 순간에 '아하!' 하고 놀라는 일은 지식에서뿐만 아니라 인간적인 성숙에서 불가결하다. '나는 그것을 지금까지 다르게 이해하고 있었다', '나는 지금까지 그것을 모호하게 알고 있었다' 또는 '나는 한 번도 그런 식으로 생각해 본 적이 없었다'고 말할 수 있어야 한다. 그래야 내 안에 자리 잡고 있던 것을 밀어내거나 수정할 수 있는 새로운 것이 들어올 수 있다.

낯섦을 수반하지 않는 새로움이란 없다. 낯선 것을 만났을 때 가장 자연스러운 최초의 반응은 거부감일 것이다. 그러나 새로움을 통해 나를 성장시키기 위해서는 본능적으로 일어나는 거부반응에 굴복해선 안 된다. 물론 새로운 것에 대해 느끼는 낯섦이 나를 밀어내는 불쾌한 낯섦일 때 그것까지도 받아들이라는 말은 아니다. 어쩐지 거부감이 들지만 좀 지나면 오히려 끌리는 기분이 드는 낯섦도 있는 법이다. 이런 유쾌한 낯섦에 대해서는 저항의 의지를 접고 그것과 지속해서 관계해야 한다. 이 낯선 것이 자신에게 다가와 새로운 가능성의 문을 열 수 있도록 생각과 감각을 항상 열어 놓아야 한다. 그래야만 내가 의도하지는 않았더라도 우연히 맞닥뜨린 어떤 것이 내 성숙을 위한 발판 또는 계기가 될 수 있다.

하지만 낯선 것에 자기를 열어 놓는 일이 생각처럼 쉬운 게 아니다. 모든 나는 각자가 너무나 '나'이기 때문에 나에게 낯설게 주어지는 타자를 내 논리로 또는 내 감정으로 덮어씌우려는 강력한 경향성을 보인다. 앞에서 언급한 바와 같이 이러한 태도를 논리학적으로 말하면 자기의 동어반복이라고 할 수 있다. 자기의 동어반복에 갇히면, 나는 그를 '그'로 보지 않고 그녀는 '그녀'로 보지 않고, '나에게 맞는' 혹은 '나에게 편안한' 아니면 '나에게 도움이 되는' 그나 그녀로 각색한다. 이럴 경우 타자 혹은 타인은 사라지고 '나'만 남게 된다. 여기서 타인은 허상에 지나지 않고 어떤 의미에서는 나의 독백만이 남게 된다. 타자(타인)에 대한 경험을 내가 지닌 지식으로 환원할 때 진정한 의미의 경험은 빛을 잃고 진부한 나의 반복 혹은 재생산이 활개를 칠 따름이다. 여기서 아름다운 듀엣은 사라지고 외로운 솔로만 남게 된다. 타자가 들어올 수 있는 여지를 남기지 않는 자에게는 성장이나 발전의 기회가 애초부터 차단된다.

나를 밖으로 열어 놓는 일은 새로운 나를 만나기 위해서만 필요한 것이 아니다. 지금까지의 내 생각이 틀릴 수 있는 가능성을 열어 놓아 나를 변화시키는 데에도 필요하다. 학문 방법론에서 기존의 생각이 틀릴 수 있다는 문제에 착안한 인물은 영국의 과학철학자 포퍼(K. Popper, 1902~1994)다. 그는 『역사주의의 빈곤』과 『열린사회와 그 적들』에서 자신의 과학 방법론을 이해하기 쉽게 풀어 서술하는데, 특히 후자에서 '반증(反證) 이론(theory of falsification)'을 민주주의 사회의 개방성을 근거짓는 방법론적 토대로 활용한다. 그는 종래의 '검증(檢證) 이론(theory of verification)'에 대항하여, 어떤 이론이 '과학 이론'인지를 판별하기 위해서는 그 이론이 얼마나 옳은지가 아니라 틀릴 수 있는지를 살펴야 한다고 주장한다. 과학 이론이 이론으로서 정당성을 확보하는 길은 검증 이론에서처럼 그 이론에 맞는 사례를 부단히 축적해 제시하는 데 있지 않고, 언젠가는 그 이론이 옳지 않을 가능성을 열어 놓는 데 있다는 것이다.

어떤 이론이 '이론'일 수 있는 이유는 그 이론이 '틀릴 가능성' 때문이라는 그의 견해는 얼핏 듣기에, '이론'이란 그것의 옳음을 증명하지 않고 그 틀림을 증명해야 한다는 불합리한 주장처럼 들린다. 하지만 포퍼에 따르면 검증 이론은 과학 방법론으로 엄밀한 의미에서 충분히 '경험주의적'이지 않다. 경험주의의 기본 시각에서 볼 때 아무리 정교한 과학 이론을 정립해도 그 이론은 모든 경험적 사실을 총괄해 설명할 수 없으며 그런 한에서 설명되지 않는 잉여를 남기게 된다. 검증 이론에서 실험과 관찰은 과학적 명제를 검증하는 수단인데 실험과 관찰의 대상이 경험 세계에서는 무수히 많기 때문에 그 명제를 뒷받침하는 사례도 무수히 많을 수 있다. 검증 이론이 그 명제에 적합하고 유리한 증거(사례)들만 수집해 제시할 경우 결과적으로 그 명제는 자신이 틀릴 수 있는 가능성을 애초부터 배제하는 '형이상학적 명제'와 다를 바가 없게 된다.

기존의 틀 혹은 울타리 밖에서 주어지는 타자적 경험을 포퍼는 '반증 사례(counter fact)'를 통해 설명한다. 반증 사례는 기존 이론의 틀이 맞지 않음을 보여 주는 사례다. 그래서 이 반증 사례를 설명하기 위해서는 기존의 틀을 수정하거나 새로운 이론적 틀을 제시해야 한다. 반증 사례의 존재론적 의미를 고려하면 이미 정립된 법칙이나 명제의 진리성은 영구적이지 않고 항상 잠정적이고 '가설적(hypothetical)'으로만 유효하다. 과학의 어떤 법칙이나 명제는 가설적 성격을 띨 때만 유의미(meaningful)하다. 따라서 반증 이론에 따르면 이미 정립된 법칙이나 명제는 한시적으로만 타당하며, 그것이 적어도 과학 이론의 영역에 머물러 있는 한 수정·보완되고 부정될

가능성을 항상 열어 놓아야 한다.

과학 이론은 타자에 대해 항상 열려 있어야 한다. 과학 이론은 세계에 대해 겸손해야 한다. 검증 이론은 그 이론에 맞는 사실들을 모으는 데 몰두해 급기야는 독단에 빠지게 되고, 실제에서 '형이상학'은 바로 이러한 사이비 과학의 성격을 띠고 군림하는 오류를 범하게 되었다는 것이다. 포퍼에 따르면 형이상학적인 주장은 틀렸다는 근거를 댈 수 없다는 의미에서 반증될 수 없다. 그러므로 과학 이론이 아니다.

과학 이론의 틀릴 가능성은 비단 자연과학에만 국한되지 않는다. 과학(science)이라는 꼬리표를 달고 있는 사회과학과 인문과학도 마찬가지다. 어떤 이론이 많은 경험적 사실을 통해 지금까지 옳은 것으로 검증되었다 할지라도 이 이론에 들어맞지 않은 단 하나의 사실만으로 이 이론의 옳음은 더 이상 유효하지 않다. 현재의 '옳음'이 앞으로도 '옳을 것'을 담보하지 않는다. 현재까지 옳았어도 미래에는 틀릴 수 있다는 사실을 객관적으로 인정하고 열어 놓아야 한다. 어떤 과학 이론이 객관성을 띨 수 있는 것은 앞으로 틀릴 가능성을 열어 놓았기 때문이다. 다시 말해 지금까지 이 테두리 안에서 옳았다고 해서 이 테두리 바깥에 있는 타자가 이 테두리에 갇힐 것으로 예단할 수 없다는 것을 인정한다는 뜻이다. 테두리 바깥의 타자는 사실 지금까지 테두리 안에 갇혀 있던 것과는 전혀 다른 것일 수 있다. 타자는 예기치 않게 출현한다. 기존의 틀로 설명되지 않는 게 타자다. 타자는 나의 기대 바깥에서 움직인다. 그런데도 타자를 기존의 자기 틀로 덮어씌우려는 태도는 일종의 자기 환원주의(reductionism)이고, 타자에 대한 일종의 폭력이다. 포퍼는 자기중심의 환원주의를 거부하고 타자에게 정당한 존재론적인 위치를 부여한다.

포퍼의 반증 이론은 과학 이론의 '과학적' 특성에 대한 반성이기는 하지만, 일상에서 내가 경험에 대해 열려 있어야 할 필요성의 문제로 옮겨 생각할 수 있는 단서나 근거가 된다. 우리는 어떻게든 기존의 틀을 고수하면서 자신의 입장을 변호하고 정당화하려는 데 익숙해져 있다. 인간에게는 원래 가지고 있는 생각이나 신념을 확인하고 확장하려는 경향이 있기 때문이다. 이런 경향을 확증 편향이라고 하는데 우리는 이로 인해 자기 생각과 다른 사태에 대해서 은연중에 인지를 거부하는 태도를 견지한다. 내가 만든 틀에 맞는 것은 옳고 그렇지 않으면 틀리다는 생각은 아집이고 독단이다. 서로 다른 생각들이 인정되는 열린사회를 지향하는 민주주의 사회에 독이 되는 태도다. 하지만 반증 사례의 가능성을 인정하면 이러한 폐쇄적이고 자기중심적인 사고가 얼마나 불합리한지 깨닫게 된다. 세계에 대한 지식뿐만 아니라 인격 성장을 위해서 '반증 사례'의 가능성에 눈을 떠야 한다. 내가 틀리고 상대방이 옳을 수 있다. 나를 변호하고 정당화하는 사례들만 모아 내가 옳다고 주장하는 것은 사태를 바라보는 올바른 태도가 아니며 나의 성장에 바람직한 자세도 아니다.

내 안의 새로운 나를 깨우기

'타자에 열려 있기'는 넓게는 과학 이론을 정립하거나 민주주의 사회를 건설하는 데에서뿐만 아니라 좁게는 개인의 자기 계발을 위해서도 필요한 태도다. 예를 들어 클래식 음악을 한 번도 좋아해 본 적이 없는 사람이 있다고 가정해 보자. 학창 시절 고전음악의 이해 시간에도, 어쩌다가 라디오에서 흘러나오는 교향곡을 들을 때도, 초대받아 마지못해 참석한 연주회에서도 감동은커녕 그 시간을 견디기가 고역이었던 이 사람이 자신을 '나는 클래식 음악을 싫어하는 사람'이라는 판단을 내리게 된 것은 당연하다. 그런데 어느 날 우연히 TV에서 칼 오르프(Carl Orff)의 〈카르미나 부라나〉를 듣고 그 웅장한 합창 소리에 기분 좋은 전율을 느꼈다면 이것이야말로 일상에서 만난 반증 사례라 할 만하다. 그 유쾌한 낯섦을 계기로 그는 다른 클래식 음악에도 귀를 열어 놓을 수 있다. 그럼으로써 자신 안에 잠재해 있는 새로운 음악적 감수성을 발견할 수 있다. 만일 그가 〈카르미나 부라나〉가 시작되자마자 '나는 이런 건 듣기 싫어하는 사람인데' 하고 채널을 돌렸다면 그런 일은 일어나지 않았을 것이다. 새로운 나를 만날 수 있으려면 낯선 것에 나를 열어 놓을 수 있어야 한다. 일상에서 우연히 부딪치는 현상이나 사건에서 비롯하는 유쾌한 낯섦의 출현에 감응할 수 있기 위해 내 안의 안테나를 켜 놓아야 한다.

경험이란 바깥의 것이 주어지는 데 따른 나의 반응이라는 점에서 내가 타자의 존재를 인정하고 수용하는 일이 선행해야 한다. 하지만 무엇을 위한 경험인가? 결국 내 안의 새로운 가능성을 발견하고 이를 깨달아 현실로 전환할 때 경험은 나에게 유의미하다. 나는 경험을 통해 내 안에 무엇이 있는지 알게 된다. 엄밀히 말하면 나는 내가 누구인지를 마지막까지 알 수 없다. 나는 나 자신에 대해서도 타자이기 때문이다. 내가 나를 잘 아는 것 같아도 정작 '나는 누구인가?'라는 물음 앞에 당당하게 나설 수 있는 사람은 없다. 나를 내가 만든 것이 아니기 때문이다. 그래서 내가 한 번도 상상해 보지 못한 나를 만날 때 나는 놀란다. '내가 이런 사람이었나?' 하고 스스로 의아하게 생각한다. '내가 모르는 나'를 깨닫게 되는 순간은 내가 나의 내면을 반성하며 성찰할 때가 아니라 외부에서 오는 예기치 못한 경험에 대한 나의 반응을 살필 때다.

경험이란 이렇게 전혀 예상치 못한 새로운 내가 바깥으로 드러나게 하는 데 결정적인 동기가 된다. 경험을 해 보기 전에는 내 안에 어떤 요소가 있는지 미리 확인할 수 없다. 이를

테면 어떤 음식을 먹어 봐야 그 음식에 대한 취향과 소화 여부를 판단할 수 있다. 내가 막연하게 나라고 생각하고 있는 나와 실제의 나는 꼭 같은 게 아니다. 내가 생각하는 내가 나라고 생각하기 쉬우나 실제는 그렇지 않을 수 있다. 나 자신도 알지 못하고 있는 나를 알기 위해, 새로운 나의 출현을 위해 경험에 나를 활짝 열어 놓아야 한다. 경험이란 나의 잠재력을 탐색하는 실험장이다.

타자적 경험이란 원래 처음에는 낯설고 두렵게 다가온다. 타자가 타인인 것은 내 생각 안으로 쉽사리 들어오지 않기 때문이다. 타자는 나를 거부하고 나에게 저항하는 속성이 있다. 이 거부감과 저항감을 극복하지 못하면 나는 영원히 타자의 밖에 머물러야 하고 내가 원하는 타자의 세계에 발을 들여놓지 못하게 된다. 여기서 문제는 기존의 내 생각에 얽히지 않는 낯선 것에 대한 두려움이다. 하지만 세계는 내가 생각하는 것만큼 그렇게 위험하지 않다. 내가 도전하고 싶은 많은 새로운 일들은 이미 다른 사람들에 의해 충분히 반복적으로 검토되어 어느 정도 안전이 보장되어 있다. 미지의 세계에 대한 탐사는 어렵겠지만, 일상에서 찾는 새로운 경험은 대개 나보다 앞선 사람들에 의해 이미 점검이 끝난 경험이다. 두려워할 이유가 없다. 세상의 많은 일은 안 해서 못하는 것이지 못해서 안 하는 것이 아니다. 항상 의지가 관건이다. 물론 내가 경험할 수 있는 것에는 한계가 있다. 내가 살고 있는 지역과 시대의 한계와 같은 다양한 제약이 따르기 때문이다. 그래서 경험은 항상 한계보유적(限界保有的)일 수밖에 없다. 한계가 있다고 하지만 내가 할 수 있는 경험의 영역은 생각보다 훨씬 많고 넓다. 스스로 경험의 한계를 속단해 경험할 수 있는 영역을 제한한다면 내 안의 새로운 나를 일깨울 가능성은 지극히 축소될 것이다.

5장

내가 끼고 있는 안경

'경험에 나를 열어 놓자'고 말하지만 '경험'이란 백지상태의 나에게 일방적으로 찍히는 그런 것이 아니다. 외부에서 주어지는 어떤 것을 수용할 수 있는 능력이 나에게 있어야 한다. 눈앞에 아무리 훌륭한 음식이 차려져 있어도 내가 소화할 수 없으면 그림의 떡일 뿐이다. 경험은 단순히 주어진 것을 감각하고 지각하는 데 그치지 않고 거기에서 특정한 지식을 산출해야 하는데, 그러기 위해서는 외부적 지각이 일정한 '판단'으로 이어져야 한다. 그런데 판단은 단순히 경험에만 근거하지 않는다. 경험에는 조건이 필요하다. 이 문제를 인식하고 지식의 특성과 출처에 대해 본격적이고 체계적인 접근을 시도한 철학자가 칸트다.

내가 대상에 대해 무언가를 '안다'는 것은 어떻게 가능한가? 이는 철학에서 전형적으로 인식론(epistemology)에 속하는 물음이다. 지식(knowledge)의 성립 과정을 탐구하는 인식론은 로크(J. Locke, 1632~1704)에게서 시작하나 지식에 대한 심층적인 연구는 칸트의『순수이성비판』을 기점으로 삼는 게 옳을 것이다. 그는 밖에서 질료(matter)가 주어지는 수동적인 측면(수용성)에 못지않게 질료를 받아들이는 능동적인 측면(자발성)을 강조한다. 대상 혹은 객관에 대한 인식은 수용성과 자발성이 동시에 작동함으로써 가능해진다. 예를 들어 튤립이 핀 화분이 있다고 할 때, '튤립이 핀 화분'이라고 인식할 수 있으려면 그 화분이 지각되는 수용적인 측면과 더불어 그것을 '튤립이 핀 화분'이라는 '지식'으로 파악하는 능동적인 행위가 요구된다. 전자는 객관(object)에 의한 작용이고 후자는 주관(subject)의 소관이다. 객관과 주관의 관계를 다루는 인식론에서 양자의 관계가 어떻게 '지식'을 낳는가 하는 문제가 칸트 인식론의 핵심 과제다.

칸트는 근대 영국 경험론의 최종 주자인 흄(D. Hume, 1711~1776)을 통해 지식은 경험을 바탕으로 시작한다는 사실을 인정함으로써 종래 대륙 합리론의 독단론을 비판하지만, 다른 한편으로 경험이 지식의 본성을 설명할 수는 없다고 하여 경험론의 시각을 비판한다. 외부에서 무언가가 나에게 들어옴으로써 경험이 시작되지만 그렇다고 해서 그 경험이 곧 지식을 형성하는 것은 아니다. 대상(객관)에 대한 경험은 아무런 질서가 없는 잡다(雜多)에 지나지 않는다. 내 눈에 무언가 지각된다고 해서 그 자체만으로 그것을 '무엇'이라고 단정할 수 없다. '무엇'이라고 판단하기 위해서는 수용되는 것에 명칭을 부여할 수 있는 어떤 것이 능동적으로 작용해야 하는데, 칸트는 그것을 주관적 형식(subjective form)이라고 부른다.

주관의 형식

내가 '직관'하지 않으면 무언가가 나에게 들어올 수 없다. 내가 판단하지 않으면 그것이 무엇인지 알 수 없다. 직관하기 위해서는 '시간'과 '공간'이라는 직관형식이 필요하다. 시간형식은 주어진 사태를 전후의 시간적 계기 안에서 직관하는 데 필요하며, 공간형식은 사태를 연장(延長) 선상에서 직관하는 데 요구된다. 그러니까 경험론에서 말하는 지각(perception)을 위해 나는 시간과 공간이라는 직관형식을 이미 지니고 있어야 한다. 만일 이러한 형식이 전제되지 않으면 밖에서 주어지는 어떤 것도 나에게 들어올 수 없다. 시간과 공간은 이전까지 내 주관과 상관없이 순전히 객관적으로 주어진 것으로 여겨졌으나 이는 사실이 아니라고 칸트는 주장한다. 주어진 사태를 일련의 시간적 흐름으로 직관하는 능력과 공간적 배열로 직관하는 능력이 없으면 '그것'은 나에게 '무의미한 것'으로 남을 뿐이다. 시간과 공간이 주관적 직관 능력이라는 사실을 입증하기 위해 칸트는 '선험적 감성론'이라는 장을 할애한다.

시간과 공간의 직관형식은 객관이 나에게 진입하기 위한 첫 번째 관문이지만, 이것만으로 객관이 나에게 '어떤 것'으로 드러나지는 않는다. 객관이 정체를 드러내기 위해서는 나의 주관적 판단형식이라는 두 번째 관문을 통과해야 한다. 직관형식이 감성의 영역에 속한다면, 판단형식은 오성(intellectual understanding)의 영역에 해당한다. 특히 판단형식의 선험성을 규명함으로써 칸트는 근대 합리론의 생득관념(innate idea)에 우호적인 태도를 보인다. 판단형식은 다른 말로 '범주(categories)'라고 부른다. 범주는 고대 그리스의 아리스토텔레스 논리학에서 선을 보였으나 칸트에 이르러 범주의 인식론적 의미가 새롭게 구성되어 주목받았다.

범주는 주어진 대상을 파악하기 위해 필수불가결한 개념적 사태다. '저 꽃은 푸르다'라고 말할 때 '꽃'과 '푸르다'에는 이미 '개념'이 포함되어 있다. 그 꽃이 한 송이라면 '꽃'에는 '단일성'의 의미와 '책상이나 나무 등 다른 것이 아니라 꽃'이라는 '성질'이 포함되어 있으며, '푸르다'에도 '붉거나 노랗지 않고 푸르다'라는 그 꽃의 '성질'이 들어 있다. 여기서 '하나'라는 수적인 판단은 '양(量)'이라는 범주에 그리고 '꽃'과 '푸르다'는 '질(質)'이라는 범주에 속한다. 대상을 판단할 때 양과 질이라는 범주가 전제되지 않으면 나는 대상이 '무엇'인지 알지 못한다.

수많은 꽃을 '꽃'이라고 인식하게 하는 기준이 바로 범주다.

여타 학문과 견주어 철학을 가장 경제적인 학문이라고 칭할 수 있는 이유는 철학이 '범주적 사고'를 한다는 데 있다. 범주는 내가 대상에 대한 지식을 획득하는 데, 즉 대상을 판단하는 데 항시 수반한다. 칸트에게서 범주는 곧 '개념'이며, 개념들의 조합 혹은 집합이 특정한 학문 체계를 이룬다. 그런 한에서 범주는 대상을 인식하기 위해 필수적으로 전제되는 개념의 근간이다. 범주는 순전히 주관적 판단의 형식으로서 우리가 대상을 경험해 지식을 산출하는 근거이며, 이렇게 획득된 지식은 개념적 체계를 이루어 객관적 지식의 위치를 확보하게 된다.

세계는 나를 중심으로 돈다

"우리의 지식은 경험에서 시작하나, 경험에서 비롯하지는 않는다"라고 칸트는 말한다. 이 말은 경험이 없으면 인식 활동 자체를 시작할 수 없지만 그렇다고 경험 자체가 지식을 만들어 내지는 않는다는 뜻이다. 경험에서 얻어진 내용이 지식으로 전환되기 위해서는 반드시 오성의 판단형식인 '범주'라는 틀 혹은 '안경'을 거쳐야 한다. 지식은 모름지기 개념의 성격을 띨 수밖에 없는 한 범주의 적용을 받아야만 한다. 범주는 순전히 주관적 형식이어서 범주가 객관 자체와 어떤 관계에 있는지는 알 수 없다. 중요한 것은 판단형식으로서의 범주는 경험을 통해 획득되지 않는다는 사실이다. 예를 들어 양과 질이라는 범주는 경험에서 얻을 수 없다. 경험 세계에서 우리는 '크다'거나 '작다'거나 할 수 있는 사태를 만날 수는 있어도 '양'이나 '질'을 만날 수는 없다. 양과 질은 경험과는 무관하게 순전히 우리의 사유에 기반을 둔 '선험적(transcendental)' 사태이다. '선험적'이란 '경험이 가능할 수 있는 조건에 관한'이라는 뜻이다. 범주는 선험적 성격을 띠고 있는 한에서 경험적인 질료와 직접적인 상관관계가 없다.

칸트의 철학을 '선험철학(transcendental philosophy)'이라 부르는 일차적 이유가 바로 여기에 있다. 경험에 앞서 있으면서 경험을 가능하게 하는 조건을 살핀다는 의미에서 칸트 철학은 기본적으로 선험철학이고, 그런 한에서 칸트 철학은 경험론보다 플라톤 이래 합리론의 전통에 입각해 있다고 할 수 있다. 넓게 보면 플라톤의 이데아론이 칸트의 범주론으로 변형되었다고도 할 수 있는데, 플라톤의 이데아(Idea)와 달리 칸트의 범주는 객관적이지 않고 주관적이다. 우리의 주관은 대상을 일정한 형식에 따라 파악하려는 자연적인 성향을 띤다는 게 칸트 선험철학의 일관된 주장이다. 칸트의 선험철학이 인식의 문제를 주관적 형식의 문제로 전환시키면서 경험론적 객관주의에 대해 선험론적 주관주의의 승리가 예고된다.

칸트는 자신의 이러한 전환을 '코페르니쿠스적 전회'라고 이름 붙인다. 태양이 지구 주위를 돈다는 천동설을 거부하고 지구가 태양 주위를 돈다는 지동설을 주장한 코페르니쿠스처럼, 칸트는 주관이 객관의 주위를 도는 것이 아니라 거꾸로 객관이 주관의 주위를 돈다고 주장하기 때문이다. 칸트의 선험철학에 따르면 주관은 더 이상 객관의 눈치를 볼 필요가 없다. 오히려 객관이 주관의 비위를 맞춰야 한다. 객관이 아무리 자기를 주관에게 내보이려 해도 주관이 그것을 볼 수 있는 형식 혹은 틀을 지니고 있지 않으면 주관은 그것이 무엇인지 알 수 없다. 종래의 경험주의자들은 객관을 진리의 주체로 보아 객관이 많이 보여 주면 주관은 객관에 대해 더 많이 알게 되고, 객관이 적게 보여 주면 주관은 객관에 대해 더 적게 알게 된다고 생각했다. 그러면 주관은 객관의 하인이 되어 끊임없이 객관의 주위를 돌며 더 보여 달라고 애원할 수밖에 없다. 하지만 칸트의 코페르니쿠스적 전회 이후에는 사정이 백팔십도 달라진다. 이제는 객관이 주관에게 '나를 볼 수 있는 형식을 가져 달라'고 애원해야 하는 형편이 된 것이다. 주관의 형식이 주인이고 객관의 질료가 노예로 전락하는 순간이다.

주관이 주인으로 행세하기 시작하면서 사태는 새로운 국면을 맞는다. 이제는 객관이 아니라 주관이 논의의 초점으로 등장한다. '나는 생각한다(cogito)'가 철학적 논의의 화두로 다시 등장한다. 하지만 칸트의 '코기토'는 데카르트의 '코기토'와는 달리 존재의 근거가 된다거나 그 자체로 경험과 무관하게 우주의 질서를 드러내는 준거점이 아니다. 칸트의 '나는 생각한다'는 소위 '통각(統覺)'이 행하는 통일의 활동으로 감성의 직관과 오성의 판단을 통해 주어진 사태에 대한 최종적인 지식을 산출하는 인식 활동이다. 주어진 사태, 즉 객관에 대한 지식이라는 점에서 수동적이면서도 그것을 주관의 형식으로 포착한다는 점에서 능동적인 인식 활동이다. 따라서 '나는 생각한다'는 지식의 객관성과 보편성과 통일성을 담보하는 인식의 최후 보루다. 그런 의미에서 칸트에게 '나는 생각한다'의 '나'는 데카르트의 '나'처럼 무소불위(無所不爲)의 권력을 지닌 주체가 아니다. 직관과 판단의 배후에서 항상 작동하고 있지만, 직관과 판단을 좌지우지하지 않는다. 다만 그들의 활동을 바탕으로 그 결과를 통일적으로 종합, 정리할 따름이다.

나는 그것을 왜 알 수 없을까?

내가 무엇에 대해 '안다'는 것은 밖에서 주어지는 어떤 것을 그대로 수용하는 것이 아니라 그것을 '무엇'이라고 직관하고 판단하는 자발적인 형식을 통해 어떤 결과물을 구성해 내는 것이다. 따라서 내 직관과 판단의 형식에 맞지 않는 대상이나 사태를 나는 알 수 없다. 나의 지식은 나의 주관적 형식에 의해 포착되는 것에만 국한된다. 칸트가 현상계와 물자체계(物自體界)를 구별한 이유도 이러한 맥락에서다. 현상계는 나의 주관적 형식에 맞는 대상이어서 내가 알 수 있고, 물자체계는 이 형식에 맞지 않는 대상이어서 나의 지식 대상이 되지 않는다. 눈에 보이는 세계와 눈에 보이지 않는 세계의 이분법적인 구별이 여기에서 의미를 지닌다. 칸트의 제1 비판서인『순수이성비판』의 제목은 바로 이 문제를 겨냥하고 있다. 지금까지 합리론자들은 이성이 보이지 않는 세계, 즉 물자체계를 인식할 수 있다고 주장하는 데 대하여 칸트는 이성이 그러한 능력을 지니고 있지 않다고 비판한 것이다. 나의 인식은 오직 나의 주관적 형식에 부합하는 대상, 즉 현상계에만 국한된다는 주장이다.

칸트의 이성 비판을 통해 인식의 문제는 이제 새로운 국면에 접어들게 된다. 내가 무엇인가를 인식할 수 없는 것은 내가 그것을 볼 수 있는 형식을 지니고 있지 않기 때문이다. 칸트는 근대의 경험론과 합리론을 비판적으로 재구성한 인물로 평가받는다. 그는 경험이 지식의 시작임을 인정하고는 있으나, 경험론자인 로크가 주장하듯이 백지상태에서 대상을 복사하듯 그대로 인식하는 게 아니라 인식하기 위한 틀을 미리 가지고 있어야 특정한 지식을 산출할 수 있다고 생각한다. 이는 곧 지식이 궁극적으로 우리가 지닌 주관적 형식에 의해 좌우된다는 사실을 의미한다.

우리는 하나님은 무엇인가라는 물음에 답변할 수 없다. 하나님이 자기를 드러내지 않아서가 아니라 하나님을 볼 수 있는 직관형식과 판단형식을 우리가 지니고 있지 않기 때문이다. 다시 말해 무언가를 인식하기 위해서는 일차적으로 시간과 공간이라고 하는 직관형식에 그것이 포착되어야 하는데, 하나님이라는 존재는 시간과 공간이라고 하는 형식 속으로 들어오지 않는다. 또한 그것은 12개의 범주로 포착할 수 있는 그런 모습을 띠고 있지 않다. 아무리 바깥에서 무언가가 주어진다 해도 그것을 볼 수 있는 주관적 형식을 가지고 있지 않으면 우리는 그것이 무엇인지 파악할 수 없다. 여기서 주관의 형식과 관련해 중요한 아이러니가 나타난다. 우리는 주관의 형식 때문에 대상을 인식할 수 있지만, 같은 이유로 우리는 대상 자체를 남김없이 인식할 수는 없다.

주관의 형식은 물고기를 잡는 그물에 비유할 수 있다. 그물로 물고기를 잡을 수 있지만 모든 물고기를 잡을 수는 없다. 그물은 일정한 크기의 코를 가지고 있어서 이 코보다 큰 물고기는 잡히겠지만 그보다 작은 물고기는 잡히지 않는다. 마찬가지로 주관의 형식에 걸리는 현상계는 잡혀서 지식을 형성하지만, 그 형식에 걸리지 않는 현상계 배후의 세계는 잡히지 않아 지식을 형성하지 못한다. 비단 신이라는 초월적 존재뿐만 아니라 우리가 상상으로 만들어 낸 숱한 캐릭터들도 인식의 대상이 아니다. 그것들이 존재하지 않는다고 말할 수는 없지만 존재한다고 해도 그것들을 인식할 수 있는 주관적 형식을 우리가 구비하고 있지 않기 때문이다. 주위에 우리가 '사유'할 수 있을 뿐 '인식'할 수 없는 대상은 무수히 많다. 우리가 사유할 수 있다고 해서 그것을 인식할 수 있는 것은 아니다. 여기에서 경험적 지식과 초월적 사유의 경계가 분명해진다. 이 경계의 기준점은 시간과 공간이라는 직관형식과 범주라는 판단형식이다.

인식에서 주관적 '형식'이 선행한다는 사실을 우리 일상의 문제와 관련해 생각할 수 있다. 편의상 주관적 형식을 틀이나 안경으로 바꾸어 표현할 수 있다. 일정한 틀이나 안경을 통해 세상을 바라보는 것과 기본 구조에서 차이가 없기 때문이다. 안경을 쓰면 어떤 것은 잘 볼 수 있는 대신 볼 수 없는 것이 생긴다. 돋보기를 쓰면 가까운 물체는 선명하게 보이지만 멀리 있는 것은 흐릿하게 보이는 것과 같은 이치다. 문제는 안경을 벗을 수 없다는 점이다. 대상 혹은 세계와 관계할 때 우리는 반드시 안경을 써야 한다. 안경을 바꿀 수는 있지만 벗을 수는 없다. 안경을 쓰는 건 우리의 운명이다. 그래서 우리는 어떤 것은 잘 보지만 다른 것은 제대로 보지 못할 수밖에 없다.

문화라는 매개항

결국 어떤 틀로 세상을 보느냐가 세상을 어떻게 볼 것인가를 결정한다. 나는 어떤 틀을 가지고 있는가? 나와 세계가 연결되는 데에는 매개항 혹은 중간항이 필요하다. 칸트에게 이 매개항은 직관과 판단의 형식이다. 이러한 형식의 중간항이 없이 나는 세계와 관계할 수 없다. 매개항 문제를 자신의 철학으로 발전시킨 카시러(E. Cassirer, 1874~1945)는 신(新)칸트학파로『상징형식의 철학』이라는 저술을 남겼다. 이 방대하고 난해한 책을 간추려 평이하게 해설한 책이『인간이란 무엇인가』인데, 카시러는 이 책을 통해 인간은 다른 동물과 달리 세계와 '직접적으로' 관계하지 않고 '우회적으로' 관계한다는 사실을 보여 준다.

인간은 이제 다시는 현실에 직접적으로 부딪칠 수 없으며, 또 얼굴을 맞대다시피 그것을 볼 수 없다. 물리적 현실은 인간의 상징적인 활동이 전진하는 데 따라 뒤로 물러서는 듯싶다. 인간은 사물들 자체를 다루는 대신 어떤 의미에서 쉴 새 없이 자기 자신과 이야기한다. 인간은 언어형식, 예술적 심상, 신화적 상징 혹은 종교적 의식에 너무 둘러싸여 있어서 이러한 인위적 매개물의 개입에 의하지 않고서는 아무것도 볼 수 없고 또 만질 수 없다.……
'인간을 당황하게 하고 놀라게 하는 것은 사물들이 아니라 사물

들에 관한 인간의 억견(臆見)과 공상이다'라고 에픽테토스는 말했
다.(최명관 옮김, 전망사, 1979, 40~41쪽)

의미심장한 대목이다. 인간은 인간 자신과 이야기한다. 나
는 인위적 매개물을 통하지 않고 세계 혹은 자연과 만날 수
없다. 상징이라는 중간항을 거치지 않고 세계와 관계할 수 없
다. 이 중간항을 우리는 '문화' 혹은 '문명'이라 부른다. 인간
이 행하는 모든 지성적 활동은 '인간적인 것'이다. '인간적'이
란 '인간에 의한', '인간을 위한', '인간을 반영한'이란 뜻이다.
그런 의미에서 문화와 문명을 낳는 토대인 인간 지성의 활동
은 철저하게 '인간'에 갇힌 행위이다. 여기서 인간 밖의 사물
이나 세계는 '인간의' 지적 활동을 위한 자료일 뿐 그 자체로
어떤 능동적인 역할을 하지 않는다. 따라서 인간의 연구 활동
은 인간이 앞에서 만든 생산물을 뒤에서 수정, 보완하거나 새
로운 '인간적' 산물을 만들어 내는 일일 따름이다. 이러한 인
간적 산물은 어디까지나 매개자 혹은 중간항의 의미를 지니
고 있어서, 사물이나 자연과 관계할 수 있는 통로 역할을 한
다. 인간의 연구 활동이 사물을 변화시킨다고 생각하기 쉬우
나 그 활동은 실은 사물이 아니라 전적으로 인간의 산물을 변
화시키는 데 국한된다. 사물 자체에 대해 인간은 어느 것 하
나 건드릴 수 없다. 인간은 다만 사물에 변화를 유도하기 위

한 인위적 장치 혹은 통로를 고안할 따름이고, 인류의 지성은 이 장치 혹은 통로를 갈고 닦는 일에 몰두할 뿐이다.

문화와 문명 속에 있는 나는 매개항을 거치지 않고 세계와 관계하지 않는다. 나와 세계 사이에는 항상 매개항이 자리 잡고 있다. 나는 벌거벗고 다니지 않고 옷을 입고 다닌다. 내 신체와 자연 사이에는 옷이라는 중간항이 있다. 물론 내가 옷을 벗고 거리를 활보할 수도 있다. 그런 나를 사람들은 야만인이라고 부른다. 옷뿐만이 아니다. 우리는 음식을 먹을 때도 손이 아니라 젓가락이나 포크 등과 같은 도구를 사용한다. 이렇게 문명은 나와 대상 사이에 거리를 만들어 내가 대상과 우회적으로 관계하게 한다. 관계의 우회성은 인간에게 안전과 안정을 보장한다. 대상과 직접 마주치는 일은 항상 위험을 수반하기 때문이다. 문자의 발명을 위시해 과학기술의 발전에 따른 생산물들은 하나같이 인간이 세계와 우회적으로 관계 맺기 위해 고안된 산물이다. 이렇게 하여 인간은 야만에서 벗어나 문명으로 진입할 수 있었다. 문명은 인간에게 자연에 대한 보호막이자 안전판이 되었다. 그것은 인간의 생존 전략이었다. 문명이라는 매개자 혹은 중간항이 없었다면 인간은 오늘날과 같은 안전한 조건에서 살 수 없었을 것이다. 그래서 이 중간항을 얼마나 정교하고 정확하게 발전시키느냐 하는 문제는 항상 인간 지성의 숙제가 되었다.

칸트의 범주론은 인간이 대상을 인식하는 데에 항상 특정한 틀을 전제한다는 사실을 보여 주었다. 카시러는 이 틀의 문제를 단순히 인식론의 영역에 국한하지 않고 인류의 문화·문명 일반의 문화철학적 문제로 전환하고 확대한다. 인간은 상징체계를 통해 세계와 관계한다. 상징체계는 인간이 세계와 관계하기 위해 고안한 문화적 장치이다. 언어, 과학(기술)뿐만 아니라 역사와 종교 등도 상징체계에 속한다. 오늘날의 표현을 쓰면 이들은 인간이 세계와 소통하기 위해 사용하는 미디어다. 미디어로서 상징체계는 칸트에게서처럼 단순히 주관적 형식이 아니다. 칸트의 범주는 경험과 무관한 순수 사유 형식인 데 반하여 카시러의 상징체계는 인간의 경험과 사유가 한데 어우러져 형성된 문화적 의미체다. 매개자로서의 상징체계는 문화 혹은 문명으로서 인간이 세계와 관계·소통하기 위해 불가결한 창구다. 칸트의 주관적 형식이 카시러에게서 객관화된 셈이다. 하지만 카시러의 상징체계도 칸트의 주관적 형식과 마찬가지로 틀 혹은 형식인 것은 분명하다. 문화라는 틀을 매개로 인간은 세계와 우회적으로 관계하기 때문이다.

전통이라는 안경

거시적으로 보면 나는 인간으로서 칸트가 말하는 범주에 따라 대상을 판단한다고 할 수도 있고, 카시러의 주장대로 내가 속한 공동체의 문화를 통해 세계와 관계한다고 할 수도 있다. 그런데 이 문제를 나의 일상으로 좁히면 틀이나 형식 대신에 여기에서도 '안경'으로 바꾸어 생각해 볼 수 있겠다. 안경은 틀과 형식에 비해 나와 세계 '사이'에 무엇이 놓여 있다는 사실을 더 시각적으로 형상화하기 때문이다. 나는 나만의 안경을 쓰고 세상을 바라본다. 내가 끼고 있는 안경 혹은 사태를 보는 틀은 나의 개인적 성향이나 경험에 의해서만 형성되지는 않는다. 내가 속한 공동체의 관습이나 가치처럼 무의식중에 습득하고 있는 문화적 틀 또한 내가 끼고 있는 안경에 큰 영향을 미친다. 가족, 사회, 국가, 민족 등 나를 둘러싸고 있는 공동체는 나름의 역사를 유지하면서 나의 사고와 행동에 영향을 미친다. 내가 조선시대에 태어났다면 나는 개인적 성향이나 취향을 지니고 있으면서도 동시에 조선시대가 요구하는 가치체계에 들어가지 않을 수 없다. 다시 말해 당시의 유교적인 가치관과 세계관이라는 안경을 끼고 내 주변의 사태 혹은 세계와 관계할 수밖에 없다. 그래서 나는 주관적 성향과 관심에 따른 안경과 공동체의 역사적 전통에 따른 안경을 동시에 끼고 있다. 이 두 안경을 동시에 이해하지 않고는 개인과 공동체의 표현 양식을 파악하기 어렵다는 사실에 주목한 분야가 해석학이다.

해석학의 시각에 따르면 개인과 공동체는 항상 그들 고유의 역사 문화적 배경 안에서 사태를 파악한다. 이 역사 문화적 배경을 이해하지 않고는 주어진 사태를 설명할 수 없다. 그래서 해석학에서는 '이해는 설명에 선행한다'는 명제가 성립한다. 인간은 사태와 세계에 '의미'를 부여하며 생산하고 활동한다. 의미 부여 행위를 통해 산출된 결과물은 그 의미를 해석해야만 이해할 수 있다. 인간은 한순간도 백지상태에서 세계와 관계하지 않는다. 사물은 의미 부여 행위를 하지 않기 때문에 과학적 '설명'만으로 족할 수 있다. 그러나 인간은 다르다. 인간은 주관적 의지를 통해 세계에 의미를 부여함으로써 자신의 삶에 스스로 의미를 구성한다. 개인과 공동체 혹은 나와 우리가 세계에 부여한 의미를 해석하는 일은 인간과 세계를 이해하기 위해 불가결하다.

해석학의 이러한 문제의식은 사태를 파악하는 데 항상 매개항이 개입한다는 사실을 인정한다는 점에서 칸트나 카시러와 같은 맥락에 서 있다고 볼 수 있다. 결국 인간과 관련해 나타나는 현상에 대해서는 결코 조건과 무관하게 타당성이 성립하는 그런 객관적인 설명을 할 수 없다. 거기에 항상 개인과 공동체가 겪은 역사 문화적 배경이 함께하고 있기 때문이다. 사태에 대해 보편타당한 객관적인 설명을 지향해 온 학문 일반은 해석학적 시각을 진지하게 수용해야 한다. 이제는 '인간'을 말할 수 없다. 인간 모두에게 해당하는 진리를 말할 수 없다. 어떤 사태에 대해 모든 사람이 똑같은 견해를 가질 수 없다. 개인 혹은 공동체마다 역사 문화적 배경과 경험이 다르므로 사태와 세계를 바라보는 데 이미 특정한 틀이 항상 전제되어 있기 때문이다.

해석학의 체계를 세운 가다머(H. Gadamer, 1900~2002)는 『진리와 방법』에서 사태 혹은 텍스트를 이해하는 데 불가피하게 전제·수반되는 특정한 이해 방식을 '선판단(先判斷, Vorurteil)'이라고 부른다. 선판단은 보통 말하는 선입견이나 편견과 결과적으로 크게 다르지 않다. 우리는 아무런 선입견이 없는 백지상태에서 텍스트를 객관적으로 이해하지 않는다. 자신이 이미 지니고 있는 지식이나 감정을 통해 텍스트를 이해한다. 여기에서 '객관성'이 확보되기는 어렵다. 선판단 혹은 선입견은 텍스트로서의 대상을 이해하는 데 필요악이다. 선판단이 없으면 텍스트에 접근할 수 없지만, 선판단으로 인해 텍스트에 대한 이해는 객관성을 띠기 어렵다. 선판단은 텍스트 이해의 토대이지만 동시에 텍스트 오해의 근거이기도 하다. 이것은 우리가 끼고 있는 안경 없이는 세상을 볼 수 없지만, 우리 눈에 비치는 세상이 세상 그 자체가 아니라 안경을 통해 바라본 세상일 뿐이라는 사실과 닿아 있다. 선판단의 이중적 성격은 칸트의 범주가 인식의 가능 근거이지만 또한 인식의 한계 근거라는 사실과 같은 문제의식 선상에 놓여 있음을 암시한다. 선판단과 범주는 모두 사태 인식을 위한 중간항으로서 불가결하지만 또한 그로 인해 불가피하게 인식의 한계가 생겨난다.

가다머의 해석학은 본래 원전 해석의 어려움에서 문제의 실마리를 잡은 것이다. 그는 원전의 저자가 작품을 구상하고 집필할 때 저자 자신의 지적인 호흡뿐만 아니라 저자가 속한 공동체의 문화와 역사, 즉 넓은 의미에서 전통이라고 말하는 것과의 연계 안에서 '특정한' 작품이 생산된다고 말한다. 그래서 어떤 작품을 이해하기 위해서는 저자의 개인적 성향뿐만 아니라 작품이 생산된 시대의 역사 문화적 맥락을 이해할 필요가 있다는 것이다. 만일 후자를 등한시할 경우 해석자는 주어진 텍스트를 이해하는 데 실패한다. 그래서 가다머는 이렇게 말한다. "텍스트의 의미는 원저자를 언제나 넘어서 있다." 원저자가 의식하지 못하는 사이 의식이나 의도의 바깥에 있는 전통의 요소가 그의 작품 속에 이미 들어오고 있다. 저자가 생산한 작품(text)에는 항상 역사 문화적 문맥 혹은 맥락(context)이 동시적으로 개입한다. 저자의 주관적 의지와 더불어 역사 문화적 맥락으로서의 '컨텍스트'가 '텍스트'에 수반되는 것은 불가피하며, 따라서 텍스트를 이해하기 위해서는 컨텍스트라는 안경을 이해해야만 한다.

지금까지 경험이나 시간과 무관하게 보편타당한 지식과 행위의 근거로 간주해 왔던 '이성'도 가다머의 해석학적 시각에 따르면 역사와 전통의 영향을 받는다는 점에서 결코 초시간적이거나 보편적 능력이 아니다. 그래서 가다머는 예를 들어 계몽주의가 이성의 초시간적인 타당성과 초공간적인 보편성을 근거로 계몽의 당위성을 주장하는 데 대해 반대한다. 그에 따르면 '이성' 역시 역사 문화적 맥락을 벗어나서 보편타당한 것으로 간주할 수 없다. 개인이나 공동체의 역사와 문화에 따라 그들이 '이성적'이라고 판단하는 내용이 다를 수 있다. 가다머의 이론상 어떤 것이 '이성적'이라고 판단될 때에는 역사 문화적으로 형성된 선판단이 항상 개입한다.

내가 대상 혹은 사태와 관계하는 데 보이는 개인적 취향, 관심, 지식, 가치관 등에는 특정한 역사 문화라는 사회적 배경이 자리 잡고 있다. 내가 세계에 부여하는 의미에는 내가 속한 공동체의 역사적 체험이 이미 녹아 있어서, 이 체험이 응축된 결과로부터 내 관심과 인식은 자유롭지 않다. 개인의 다양한 성향과 활동 가운데 특히 '지식'과 관련해 '지식의 사회성'에 주목한 인물이 만하임(K. Mannheim, 1893~1947)이다. 그는 『이데올로기와 유토피아』에서 개인의 사유는 그가 속한 사회의 성격에 결정적으로 영향을 받는다고 밝힌다. 사유는 극히 주관적 사안인 것 같아도 사실은 사유하는 자가 속한 사회의 물질적이고 문화적인 요소에 의해 이미 삼투되고 있다는 것이다.

만하임은 다분히 개별적이고 주체적인 것처럼 보이는 개인의 지식 활동 배후에는 당대의 사회적 상황, 그러니까 정치적, 경제적, 문화적 요소들이 복합적으로 작용하고 있다고 말한다. 이와 같은 지적은 '지식'이 사회의 산물이며, 엄밀한 의미에서 고립된 개인의 지적 활동은 없고 공동의 이해관계 속에서 형성된 공동체적 개인의 지적 활동이 있을 뿐임을 시사한다. 이와 관련해『이데올로기와 유토피아』는 이렇게 말한다.

지식사회학은 사유를 역사적 내지 사회적 상황과의 구체적인 연관을 통해서만 이해하려 한다. 여기서 사유하거나 혹은 사유하려 애쓰는 사람이란 어떤 본연의 인간 자체이거나 혹은 서로가 모두 고립된 개인이 아니라, 그들 모두의 공통된 입장에 알맞은 어떤 전형적인 상황에 대한 무한히 반복되는 대응작용을 통하여 특수한 사고유형을 발전시켜 나가는 일정한 집단구성원으로서의 인간인 것이다. (임석진 옮김, 청아출판사, 1991, 39쪽)

결국 모든 개인의 주체적이고 개별적인 지식 활동에는 그가 속한 공동체의 특성이 반영되어 있다. 이러한 발상은 개인의 지적 활동의 생산물인 작품의 배후에는 역사 문화라는 전통이 작용하고 있다는 가다머의 생각과 맥을 같이한다고 볼 수 있다.

오해와 이해의 거리

나는 내가 아닌 것, 그것이 타인이든 사물이든 어떤 대상을 파악할 때 안경을 쓰지 않을 수 없다. 이 사실은 나의 성장에 어떤 의미를 지닐까? 무엇보다도 우리는 자신에게 이런 질문들을 던질 수 있다. 나는 어떤 안경을 쓰고 세상을 바라볼까? 나는 어떤 안경을 쓰고 타인을 판단하며 사회를 평가할까? 내가 쓰고 있는 안경은 어떻게 획득되는 것일까? 내 안경은 어떤 성질의 안경일까? 내가 쓴 안경의 어떤 점이 나를 특정한 방향으로 욕구하게 하고 특정한 시각에서 세계를 바라보게 하는 것일까?

이런 질문들에 대한 답을 찾는 과정에서 내가 안경을 쓰고 있다는 사실을 인정하고 그 안경의 정체를 파악하는 데 한 걸음 다가서게 될 것이다. 그럼으로써 자신이 쓰고 있는 안경의 한계를 이해하고 또 그것을 극복하면서 성장할 것이다.

어떤 사태나 사건을 바라보는 시각이 서로 다를 때 상대방의 생각을 도무지 이해할 수 없는 경우가 있다. 하지만 상대방의 말을 들은 뒤 사태를 되짚어 보면 그럴 만한 충분한 이유가 있고, 더구나 사태를 파악하는 데 내가 그의 입장에서 고려하지 않은 사항이 있었다고 알게 된다. 내가 그가 아닌 이상 그가 처한 상황에 나는 들어갈 수 없고, 내가 아무리 그의 입장에서 그를 이해하려 해도 나는 그와 다른 상황에 있을 뿐만 아니라 내가 가지고 있는 생각의 틀로 그의 경우를 파악하는 데에는 항상 한계가 있기 마련이다. 인간관계의 갈등은 나의 기대와 그의 반응의 차이에서 비롯한다.

오해는 내가 하고 싶어서 하는 게 아니다. 내가 끼고 있는 안경 혹은 세상을 바라보는 틀이 불가피한 한에서 오해 또한 불가피하다. 서로 비슷한 안경을 끼고 있을 때 이해가 가능한 만큼 오해는 서로 다른 안경을 끼고 있는 데 따른 자연스러운 현상이다. 나의 개인적인 취향 그리고 사태를 바라보는 시각과 세계를 인식하는 방식은 이미 특정한 틀의 형식을 갖추고 내가 사물과 타인과 세계에 특정한 방식으로 관계하고 소통하도록 유도한다. 그런 점에서 외부에서 벌어지는 일에 대해 내가 어떻게 판단할지는 이미 결정되어 있는 셈이다. 나의 안경에 맞게 세계를 보도록 이미 강요되고 있는 것이다. 사실이 이렇다면 타인에 대해 어떤 식으로든 오해하는 일은 피할 수 없다. 타인에게는 나의 이해가 오해로 드러나 나의 한계로 비친다 해도, 오해는 적어도 나에게는 최선이고 최종적인 결과다.

오스틴(J. Austen, 1775~1817)의 소설 『오만과 편견』에도 오해로 인해 빚어지는 갈등이 나온다. 주인공 엘리자베스는 영국의 한 작은 시골 마을에 사는 베넷가의 둘째 딸이다. 그녀는 무도회에서 처음 만난 다아시가 사람들과 잘 어울리지 않고, 숙녀들에게 예의상으로라도 춤을 권하지 않는 것을 보고 그를 가문과 재산 때문에 오만하게 구는 사람이라고 판단한다. "그녀한테 그는 어디서나 불쾌하게 굴고, 자기에 대해 함께 춤출 만큼 아름답지 않다고 생각한 남자였을 뿐이었다." 여러 차례의 모임을 통해 다아시는 엘리자베스에게 호감을 갖게 되지만 그녀는 그의 관심을 오해한다.

> 엘리자베스는⋯⋯다아시 씨의 눈길이 자주 자신을 향하는 것을 의식하지 않을 수 없었다. 그녀는 자신이 그렇게 대단한 사람의 찬미의 대상이 될 수 있다고는 도무지 생각할 수 없었다. 그렇다고 그녀를 싫어하기 때문에 바라보는 거라면, 그건 더더욱 이상한 일이었다. 주의를 끌고 있는 이유로 그녀가 마침내 생각해 낸 것은, 그의 기준으로 봐서 자신에게 무언가 그 자리에 있는 다른 사람들보다 잘못되고 비난할 만한 점이 많은 모양이지 하는 거였다. (윤지관·전승희 옮김, 민음사, 2014, 75쪽)

오해는 의도되지 않는다. 그렇다고 해서 오해에서 벗어날 수 없는 것은 아니다. 오해를 이해로 전환시키는 데에는 의도적이고 의식적인 노력이 필요하다. 특히 친구 사이와 연인 사이에서 '너, 그거 오해야!', '오해라니? 말도 안 돼!'라는 식으로 시작되는 작은 다툼은 사태가 걷잡을 수 없이 커지기도 한다. 일상에서 오해와 이해의 거리는 생각만큼 멀지 않다. 하나의 사태를 어떤 시각에서 어떻게 평가하느냐에 따라 오해가 되기도 하고 이해가 되기도 한다. 우리는 모두 서로 다른 경험과 지식에 바탕을 둔 고유의 심정적 틀과 판단의 틀을 지니고 있다. 따라서 서로 다른 성격의 틀들이 만날 때 충돌은 충분히 예상될 뿐만 아니라 이 틀들을 객관적으로 비교해 옳고 그름이나 우위를 정하는 일 또한 결코 쉬운 일이 아니다. 제3의 시각을 끌어들여야 하는데 그 시각의 객관성을 어떻게 확보할 것인가 하는 문제가 생기기 때문이다.

  누군가의 질책에 대해 내 입장에서 나 자신을 변호하는 것도 오해와 이해의 문제로 생각해 볼 수 있다. 내 변명은 상대방의 오해를 바로잡아 나를 이해시키려는 시도다. 예를 들어 '너는 왜 오늘 약속 장소에 나오지 않았니?'라고 물으면 나는 내 입장에서 그 이유를 설명할 수 있다. 약속을 지키지 않아 잘못이라는 오해에서 벗어나 '그럴 수밖에 없었겠구나' 하고 이해받으려는 것이다. 각자는 자기 나름대로 자기와 세계에 관해 설명하는 방식이 이미 준비되어 있다. 누군가 나에 대해 부정적인 평가를 하면 나는 어떻게든 내 생각과 행동을 정당화할 수 있다.

『오만과 편견』에서 엘리자베스에게 청혼했다가 거절당한 다아시가 그녀에게 쓴 편지가 바로 그 예다. 그는 편지에서 '이것은 공정함의 문제'라며 그녀가 부당하고 편협하다고 비난했던 그의 행동에 대해 설명한다. 자기가 친구 빙리를 그녀의 언니에게서 떼어 놓은 것은 두 사람의 감정을 무시한 처사가 아니라, 그녀 언니의 감정을 오해한 결과라고 자신의 행동을 변호한다.

……저는 당신의 언니가 빙리가 보이는 관심을 행복하게 받아들이고는 있지만, 동일한 감정을 가지고 있는 건 아니라는 확신을 갖게 되었습니다.……제가 자신 있게 단언할 수 있는 건 당신 언니의 표정과 태도가 워낙 침착했기 때문에 가장 정확한 관찰자가 봤어도 그분의 성품이 다정하시다 해도 마음을 쉽게 주는 사람은 아니구나, 라고 확신했을 거라는 겁니다. (279쪽)

나는 익숙한 틀을 통해 사태를 설명하려는 경향을 지닌다. 내가 행한 생각이나 행동은 적어도 나에게는 자연스럽다. 남들이 나의 말과 행동에 대해 '잘못'이라고 지적해도 나의 '잘못된 언행'이 내 입장에서 이해될 수 없는 것은 아니다. 내 언행이 남이 보기에 잘못될지언정 나에게는 자연스러운 것이다. 변명과 정당화는 그래서 발생한다. 하지만 그것이 객관적인 것은 아니다. 자기 입장에서 '그럴 수밖에 없었다'고 자기 행위의 필연성 혹은 불가피성을 주장할 수 있다고 해서 타인에게까지 용납될 수는 없을뿐더러 사회에서 허용될 수도 없다. 나의 안경이 타인의 안경일 수 없으며, 내가 속한 공동체의 틀이 타인이 속한 공동체의 틀과 같을 수 없기 때문이다.

어떤 안경을 낄 것인가?

나의 관심과 인식은 특정한 틀 혹은 안경을 통하지 않고 성립하지 않는다. 그렇다고 해서 내가 쓴 안경이 고정되어 불변적인 것은 아니다. 오히려 역사의 진행 속에서 나의 안경은 바뀐다. 작게는 나 개인이 쓰고 있는 안경의 성질뿐만 아니라 더 나아가 나에게 영향을 미치고 있는 사회가 쓰고 있는 안경도 고정되어 있지 않다. 엄밀히 말하면 개인과 사회의 경계도 생각처럼 뚜렷하지 않다. 인성(personality) 구조와 사회(society) 구조는 명확히 구분되지 않는다. 양자는 상호 침투하고 있어서 어디까지 개인이고 어디부터 사회인지를 구별할 수 없다. 만하임의 제자인 사회학자 엘리아스(N. Elias, 1897~1990)는 『문명화 과정』에서 개인과 사회 간의 밀접한 상호 연관성에 주목한다. 그는 이 책에서 '결합체(figuration)'

라는 용어를 통해 지금까지 주류 사회학, 특히 파슨스(T. Parsons)류의 구조기능주의가 개별적인 인성과 공동체적인 사회를 엄격히 구분하는 것에 반대한다. 방법론적으로 볼 때 개체와 전체는 따로 떨어져 있지 않다. 양자는 서로에게 열려 있다. 개인으로 구성된 사회는 개인들과 유기적인 연관성 속에서 정체성을 만들어 가는 유동적인 과정체다.

사회학자 뒤르켐(E. Durkheim, 1858~1917) 이래 집단적 실재로서의 '사회'는 개인으로서의 나의 의지와 무관하게 '집단성(collectivity)' 그 자체의 고유한 논리로 진행된다고 간주해 왔다. 그래서 개인은 사회라는 거대한 괴물 앞에서 아무런 힘을 쓰지 못하고 그 뜻에 따를 수밖에 없다. 개인은 사회 앞에서 한없이 무력하다. 내가 개인적으로 사회의 변화에 개입할 여지는 없는 셈이다. 하지만 엘리아스의 견해는 다르다. 그에게는 어떠한 사회적 실재도 개인의 인성 구조와 무관하게 작동하지 않는다. 개인은 사회에 대해 이미 '자기'를 주장하고 있고, 앞으로도 주장할 수 있다. 개인들의 '결합태'로서의 사회는 유동적인 네트워크다.

엘리아스는 전통적인 '상태의 사회학'을 거부하고 '과정의 사회학'을 내세운다. 인간의 내부와 외부 그리고 존재의 본질과 현상이라는 근대의 이분법적 사고에 저항하며 '사회'를 양자가 상호 침투하는 '활동성(activity)'으로 파악한다. 엘리아스는 '인간에게 벽은 없다'고 말한다. 본디 존재하지 않는 '벽'을 근대 사회학이 만들어 놓고 인간을 그 안에 가두었다는 것이다. 존재하는 것은 인간 상호 간의 '연결망'뿐이다. 연결망은 '닫힌 체계'가 아니라 '열린 과정'이다.

사회에 대한 엘리아스의 과정철학적 생각은 '나'가 사회에서 어떤 의미를 지니는지를 재고하게 한다. 사회가 인간 상호 간의 연결망인 한에서 사회가 나에게 영향력을 행사하는 만큼 나 또한 사회에 유효한 발언을 할 수 있다. 타인의 안경을 통해 내가 형성되기도 하지만 반대로 내가 타인의 안경에 영향을 미칠 수 있다. 타인이 진행하는 사회운동에 내가 동참할 수도 있고 반대할 수도 있다. 또는 내가 사회운동을 주도해 타인을 끌어들일 수도 있다. 사회는 나에게 열려 있고 나도 사회에 열려 있다. 사회 혹은 역사의 발전은 이렇게 나와 사회 상호 간의 개방과 소통에서 가능하다. 개인들의 연결망으로서의 사회는 유연하게 호흡한다.

어떤 나인가, 어떤 사회인가는 전적으로 나와 사회가 쓰고 있는 안경에 의존적이다. 하지만 '안경'은 '태도의 문제'이지 '사실의 문제'가 아니다. 우리가 세상을 있는 대로 보는 것이 아니라 우리가 보는 대로 세상이 있는 것이다. 더구나 우리가 쓰고 있는 안경은 고정적이지 않다. 개인적인 경험이나 사회의 변화에 따라 안경이 바뀌기도 하고 때로는 의식적인 노력을 통해 쓰고 있는 안경을 바꿀 수도 있다. 어떤 안경을 쓸 것인지는 나와 우리의 선택과 결단에 의해 달라질 수 있는 문제다. 『죽음의 수용소에서』를 쓴 프랭클(V. Frankl, 1905~1997)이 우리는 상황 자체를 변화시킬 힘이 없더라도 그 상황에 어떤 의미를 부여할 것인가는 스스로 선택할 수 있다고 말했던 것도 같은 맥락으로 이해할 수 있다.

나와 사회를 병들게 하는 안경을 나와 세계가 쓰고 있다면 바꾸도록 노력할 필요가 있다. 현재 내 상황과 우리 사회의 상황이 어둡게 느껴져도 '어둡게 보이는 안경'을 써서는 곤란하다. 나와 우리가 겪는 고통이 심하고 상처가 깊다고 해도 고통과 상처에서 헤어나기 위해서는 밝은 안경이 필요하다. 그렇다고 해서 주어진 현실을 간과하거나 왜곡하라는 말이 아니다. 어두운 현실을 바라보는 '태도'가 밝을 때에만 어두움에서 벗어날 수 있다는 뜻이다. 버나드 쇼(G. B. Shaw, 1856~1950)는 말한다. '삶을 사는 방식에는 두 가지가 있다. 하나는 비극적으로 사는 법이고, 다른 하나는 희극적으로 사는 법이다. 나는 후자를 택했다.' 나와 우리는 어떤 안경으로 세계를 바라볼 것인가?

6장

욕망이라는
괴물

나는 무언가를 바라보기도 하지만 욕망하기도 한다. 바라보는 나는 대상을 관찰하고 생각하고 판단하지만, '나'는 그렇게 세계를 바라보기만 하는 존재가 아니다. 살아 있는 나의 징표는 무엇보다 내가 '욕망'한다는 사실에 있다. 욕망(desire)과 욕구(needs)는 흔히 별다른 구분 없이 혼용되는데 엄밀하게 따지면 이 둘은 다르다. 욕망과 욕구 모두 '결핍'에 근거하기는 하지만, 욕구는 '자기'에 초점이 맞춰진 데 반하여 욕망은 '타자'에 초점이 맞춰져 있다. 그러니까 욕구는 자기의 결핍감에서 비롯한다면, 욕망은 타자를 자기 것으로 삼으려는 의지에서 생겨난다. 욕구는 나에게 본래 주어진 것에 결핍을 느끼면서 부족한 것을 원하는 자연적 본능이지만, 욕망은 내적인 결핍을 의식하지 않으면서도 타자를 자기 것으로 만들려는 의지적 충동이다. 예를 들어 배가 고플 때 느끼는 식욕은 욕구다. 이 욕구는 '위(胃)'를 음식물로 채우면 충족된다. 반면에 별로 배가 고프지도 않은데 맛있는 음식을 보고 먹고 싶은 것은 욕망이다. 따라서 욕구의 발생은 자연적인 현상이며 문제가 되지 않는 데 비해 욕망은 문제가 된다. 욕망은 의식과 무관하게 작동하는 충동적인 감정이면서도 충족을 모르는, 맹목적으로 전진하려고만 하는 기관차 같기 때문이다. 영화 〈욕망이라는 이름의 전차〉의 제목도 욕망의 이러한 속성을 간파한 것이다.

욕망하는 나

1983년 노벨 문학상을 받은 골딩(W. Golding, 1911~1993)의 『파리 대왕』은 통제 불가능하고 맹목적인 욕망의 위험성을 잘 보여 준다. 소설은 핵전쟁을 피해 비행기로 이송되던 영국 소년들이 무인도에 불시착하며 시작된다. 어른이 없는 상황에서 나름대로 생존을 도모해야 하는 아이들은 랠프를 지도자로 뽑고 질서를 세우려고 애쓴다. 그러나 시간이 지나자 랠프의 합리적인 태도는 호소력을 잃고 잭의 사냥 논리가 힘을 얻는다. 잭은 식량이 필요하다는 이유에서 멧돼지 사냥을 강조한다. 하지만 멧돼지 사냥은 점차 광폭하고 파괴적인 욕망 충족 행위로 변질된다. 식량이 필요해서 시작된 사냥이 어째서 이렇게 잔인한 행위가 되고 만 걸까? 피를 흘리는 멧돼지를 쫓아가 찌르고 죽이면서 아이들이 느끼는 쾌감을 어떻게 이해해야 하는 걸까?

이 문제를 좀 더 보편적인 지평에서 사고하기 위해서는 프로이트(S. Freud, 1856~1939)의 정신분석학적 통찰을 살펴야 한다. 프로이트를 말할 때 일반적으로 '무의식'을 떠올린다. 하지만 초점은 '나(Ego)'에 있다. '나'란 무엇인가? 프로이트 정신분석학의 핵심 물음이다. '나'는 무엇에 의해 움직이나? 프로이트는 의식, 전(前)의식 그리고 무의식을 구별한다. 전의식은 무의식 안으로 가라앉지 않고 의식의 바로 밑에 있으면서 의식의 활동에 따라 언제고 의식 표면으로 부상할 수 있는 의식이다. 그런 한에서 무의식만큼 비중 있게 다루어질 성질의 것은 아니다. '나'는 의식과 무의식의 중간에 위치하여 둘의 지배를 받으면서 또한 조율한다.

프로이트는 '무의식'을 말할 때 항상 '의식되지 않는 것(das Unbewußte)'이라고 표기한다. 이 사실은 보기보다 중요하다. 의식과 전의식은 그 자체로 '명사'로서 실체성을 띠나, '의식되지 않는 것'은 '형용사의 명사화'로서 실체성을 띠기보다는 '의식된 것의 잉여' 혹은 '정체를 파악할 수 없는 어떤 것'을 함축한다. 이는 프로이트가 '의식되지 않는 것'을 '이드(Id)'라고 표현한 데서도 드러난다. 'Id'는 영어 'It'을 뜻하는 라틴어다. 그러니까 이드는 '그것'이다. '그것'은 의식 밖에 있는 것이지만 의식과 더불어 '나'를 구성하는 원초적인 본능이다. 이드는 뭐라 말로 표현할 수 없는 불확정적이고 무규정적인 것이지 만 '삶의 원초적인 에너지'로서 의식의 저변에서 활동하는 '마그마(magma)' 같은 것이다. 이드, 즉 '그것'이라고 일컫는 '의식되지 않는 것'은 우리말로는 너무 길어 편의상 그냥 '무의식'이라고 한다.

무의식 혹은 이드와 관련해 프로이트 정신분석학의 중심어 는 '리비도(Libido)'다. 리비도는 이드의 성(性)적 성향을 가리 킨다. 리비도는 일반적으로 '성충동' 혹은 '성욕동(性慾動)'으로 번역하는데, 인간의 본능적 욕망 가운데 특히 성적 욕망과 관련된 사항이 개인의 성향과 사고방식 그리고 사회적 관계 등에 결정적인 영향을 미친다고 프로이트는 믿었다. 그가 인간의 리비도적 측면에 주목한 이유는 인간이 기본적으로 쾌(快) 혹은 즐거움에 탐닉하는 경향이 있다는 데 착안했기 때문이다. 특히 성적 욕망 혹은 충동은 유아기부터 부모와의 관계에서 형성되어 성장기 개인적 성향과 사회적 태도 전반에 지대한 영향을 미친다는 것이다. 리비도는 성적 욕망을 충족시킨다는 점에서 '쾌감'과 밀접하게 관련되어 있다. 리비도가 극도로 긴장한 상태에서 사람은 '불쾌'를 느끼고 이 불쾌감을 해소함으로써 '쾌'를 느낀다. 결국 인간은 리비도를 충족시킬 때 즐거움을 느낀다. 『파리 대왕』에서 멧돼지를 사냥하는 소년들을 사로잡았던 광기와 흥분은 바로 이 리비도의 산물이라고 볼 수 있다.

내 안의 낯선 나

우리 내부에 있는 리비도적 욕망의 얼굴을 훨씬 더 극적으로 표현한 소설이 노통브(A. Nothomb, 1967~)의 『적의 화장법』이다. 평범한 회사원 제롬 앙귀스트는 출장을 가기 위해서 공항에 나갔는데, 비행기 출발 시각이 지연되었다는 소식을 듣고 대기실에서 기다리던 중 한 남자가 그에게 다가와 말을 건넨다. 텍스토르 텍셀이라고 자신을 소개한 이 남성은 제롬이 별로 흥미를 보이지 않는데도 그에게 계속해서 말을 건넨다. 제롬은 그의 말이 귀찮아 벗어나려 한다. 그런데도 텍스토르는 교묘한 언변으로 제롬이 그의 말에 계속 반응을 보이도록 유도한다. 제롬과 텍스토르는 씨줄과 날줄이 되어 직물(texture)을 짜듯이 서로 말을 이어간다. 두 인물의 신경전과 언쟁이 팽팽하게 이어지면서 급기야 텍스토르는 제롬이 자기 아내의 살해범이라는 사실을 인정하게 만든다. 결국 제롬은 '자유, 자유, 자유!'를 외치면서 자기 머리를 공항 대기실의 벽에 거세게 들이박아 피를 흘리며 죽어 간다.

사실 작품 속 텍스토르는 작가가 제롬의 무의식 속에서 밖으로 끌어낸 가상 인물이다. 제롬과 그에게 접근해 집요하게 말을 거는 텍스토르는 별개의 인물이 아니다. 두 사람이 나눈 대화는 실제로는 제롬의 무의식에 억압되어 있던 텍스토르가 밖으로 표출되어 나타난 환영(幻影)과 제롬 사이에 오간 대화다. 그래서 공항 대기실의 승객들 눈에는 제롬 한 사람만 보였고, 그들은 어떤 남자가 계속해서 혼자 울부짖다가 자기 머리를 벽에 부딪치며 피를 흘리는 해괴한 장면을 목격했을 뿐이다.

제롬이 무의식에 묻어 둔 텍스토르는 리비도적 욕망에 충실하다. 고양이 먹이를 대신 먹었다고 고백하며 텍스토르는 "바로 그 순간 먹으려고 하는 것은 내가 아니라, 나를 강제로 먹는 행위에 옭아매는 어떤 압도적인 힘이라는 것을 느끼고 있었습니다"라고 말한다. 텍스토르는 오직 '쾌락원칙(principle of pleasure)'만을 따른다. 그는 제롬에게 누구나 자신만의 도덕률이 있으며 자기는 어떤 행위를 판단할 때 그것이 자신에게 주는 즐거움을 척도로 삼고 있다고 말한다. 심지어는 관능적인 도취감이야말로 존재의 지고한 목적이며, 그건 그 어떤 정당화도 필요로 하지 않는다고 강조한다.

오직 쾌락을 추구하는 텍스토르는 제롬 안에 있는 낯선 모습의 제롬이다. 제롬은 텍스토르에게서 자유로워질 수 없다. 제롬이 자유를 외치며 자신을 죽음으로 몰아간 것은 죽음이 아니고서는 자신 속 타자 텍스토르에게서 벗어날 수 없기 때문이다. '내 안의 낯선 나'의 문제를 극적으로 표현했지만 제롬이 맞닥뜨린 문제는 우리가 일상에서 쉽게 마주할 수 있는 것이다. 평범한 회사원 제롬의 내부에 텍스토르가 살고 있듯 겉과 속사정은 다를 수 있다. 철학이 말하는 현상과 본질의 차이는 이 맥락에서도 타당하다.

우리가 어떤 사람을 보고 '그 사람에게 그런 면이 있었나?'라고 의아해할 때, '그런 면'이란 그 사람에게서 평소에는 볼 수 없었던 모습을 뜻한다. 사람은 겉만 보고 알 수 없다. 겉만 보고 평가하면 낭패를 보기 일쑤다. 상대가 착한 눈매를 가졌다고 해서 그가 속까지 착할 것이고 생각하면 오산이다. 그 반대도 마찬가지다. 외모가 험악해 보인다고 해서 마음마저 험악하다고 예단할 수 없다. 이렇게 보면 '범죄형'이란 잘못된 말이다. '범죄형'이란 없다. '희대의 살인마'라 일컬어지는 자의 얼굴이 꼭 험악하던가? 동네에서 예의 바르고 평범한 인물로 알려진 청년이 어느 날 갑자기 '연쇄살인범'으로 뉴스에 나오는 건 무엇을 뜻하는가?

보기 좋은 떡이 먹기도 좋다? 반드시 그렇지만은 않다. 겉만 근사하게 포장해 놓고 정작 알맹이는 부실한 경우를 자주 경험한다. 독버섯은 얼마나 화려한가. 겉은 겉이고 속은 속이다. 겉은 타인의 시선에 지배받지만, 속은 결코 타인의 시선에 포착되는 일이 없다. 겉으로 드러난 나보다는 감춰진 내가 나의 실상에 더 가까울 수 있다. 겉은 가상(假象, Schein)에 지나지 않는다.

나의 적은 나다

내 안에 있는 낯선 나, 나 자신도 예상할 수 없는, 욕망에 지배되는 그 '나'는 겉으로 드러나지 않으면서 실질적으로 나를 움직이는 힘이다. 보이지 않는 힘에 지배받고 있는 내가 사실은 나의 핵심에 더 근접한다. 나를 욕망하게 하고 내가 이성적으로 판단하는 것을 방해하면서 실제로 나를 이끄는 강력한 충동적 감성이 내 안에서 작동하고 있다. 이 욕망은 나 자신에게서 비롯하기도 하지만 타자의 자극으로 표출되기도 한다. 이것은 나의 의식으로 통제하기 어렵다. 욕망이 괴물인 것은 바로 이러한 이유 때문이다.

『적의 화장법』처럼 극단적인 경우가 아니라도 사람은 남에게 알리고 싶지 않은 비밀이 있을 수 있다. 타인이 지켜보는 광장에 드러나는 것을 꺼려 자기만의 밀실에 밀어 넣고 잊고 싶은 '나'가 있을 수 있다. 그 '나'는 자기 자신도 혐오하기 때문에 그것이 나의 일부라는 사실을 인정하지 않으려 한다. 내가 원하는 나는 그렇게 '파렴치한 나'가 아니다. 나는 타인들에게서 '괜찮은 사람'이란 말을 듣고 싶고, 그런 한에서 나는 '파렴치한 나'와 단절하려 한다.

'파렴치한 나'는 '욕망의 덩어리'로서 나의 내부에서 꿈틀거리고 있을 뿐만 아니라 기회가 닿으면 언제든지 고개를 들고 나올 태세다. 욕망에 준거해 나에게 쾌를 선사하는 대상을 나는 쉽사리 거부하지 못한다. 예를 들어 게임에 빠진 나는 '게임을 하는 나'가 싫어서 벗어나려 해도 게임이 주는 재미 혹은 즐거움의 유혹을 떨쳐 버리기 어렵다. 게임의 즐거움을 향한 욕망은 본능적이고 감각적이어서 학교 공부나 친구와의 대화 등에 비해 원초적이고 즉각적이다. 그래서 학교 숙제를 하다가도 지루하면 나는 바로 즐거움을 주는 게임으로 향한다. 즐거움을 유발하는 대상은 내가 즐겁지 않은 상태를 기다렸다가 언제라도 틈이 생기면 습격한다.

　텍스토르가 인용한 '진정한 도덕은 도덕을 비웃는다'는 파스칼의 말은 그래서 의미심장하다. 앞의 도덕과 뒤의 도덕은 다른 도덕이다. 뒤의 도덕은 우리가 일반적으로 말하는 '도덕(moral)'이다. 우리가 일상을 영위하기 위해 기본적으로 요구되는 덕목을 뜻한다. 하지만 도덕을 너무 강요하면 인간 본성에서 멀어진다. 텍스토르가 말하는 '진정한 도덕'은 일상을 지배하는 도덕보다 더 높은 도덕을 말한다. 이 도덕은 엄밀히 말하면 '도덕'이라고 부를 수 없다. 도덕을 능가하는, 도덕 위에서 인간을 지배하는 강력한 힘을 다른 의미의 '도덕'이라 부른다. 이 힘이 '도덕'일 수 있는 이유는 인간이 그 힘 앞에 복종하기 때문이다. 통상적인 의미의 도덕이 일상의 질서와 평화를 유지하는 기능을 한다면, 텍스토르의 도덕은 표면적인 질서와 평화 배후에서 실질적으로 인간을 지배해 압도하는 질서를 가리킨다. 이 막강한 '도덕' 앞에서 인간은 무력하다. 이 강제적 힘의 이름은 '즐거움·쾌락(pleasure)'이다.

텍스토르는 그 압도적인 힘을 '내 안의 어떤 적'이라 부르고 "그때까지 내 안에서 잠자코 숨을 죽이고 있던 그 적이 하느님보다 훨씬 강력한 모습으로 드러난다"고 말한다. 그의 말에 따르면 대부분의 사람은 자신의 그 감춰진 모습이 전혀 존재하지도 않는다고 믿을 만큼 그것을 희석시키지만, 삶의 중요한 길목에서는 그것과 마주치기 때문에 그 존재를 부인할 수 없다는 것이다. 나의 적은 밖에 있지 않고 나의 내부에 있다. 나의 적이 나라는 사실은 텍스토르가 제롬에게 "난 자네 자신을 파괴하는 자네의 일부분이야"라고 말하는 장면에서 더욱 분명하게 표현된다.

남이 볼 때 드러나는 나는 나의 일부에 지나지 않을 뿐만 아니라 그러한 나는 극단적으로 말하면 나의 가면이다. 남들이 나를 보고 있을 때가 아니라 내가 홀로 있을 때의 나의 모습이 진정한 나에 더 가까울 수 있다. 남들이 보지 않을 때 내 내면의 욕망이 더 활발히 움직이기 때문이다. 그래서 『대학(大學)』은 '신독(愼獨)'을 가르친다. 홀로 있을 때 몸가짐을 신중히 하라는 말이다. 남들 앞에서는 흐트러진 모습을 보이지 않다가 자기 방에 홀로 있게 되면 긴장이 풀리면서 자기의 정신보다는 신체 욕구에 자기를 내맡기기 쉽다. 타인의 시선이 닿지 않는 곳에서 나는 무엇이든 내 마음대로 할 수 있다고 믿는다. 물론 마음 내키는 대로 할 수 있다. 하지만 '가능'이 '허용'을 뜻하지는 않는다. 홀로의 시간과 공간에서 나를 신체의 즐거움 혹은 욕망에 맡기면 나는 계획에 따라 나의 길을 갈 수 없다. 나 자신이 곧 나의 적일 수 있다.

소설 『파리 대왕』에서도 소년들을 야만으로 인도한 것은 그들의 본성에 깃들어 있는 야만성이다. 소설의 제목 '파리 대왕'은, '사냥꾼' 그룹이 멧돼지를 잡아서 그 머리를 막대기에 꽂아 두자 그 주위에 파리 떼가 끊임없이 맴도는 형상을 은유적으로 표현한 말이다. 눈을 거슴츠레 뜨고 입가에 지긋이 미소를 띠면서 피를 흘리고 있는 돼지머리를 중심으로 무수한 파리들이 윙윙거린다. 그런데 흉측한 몰골을 한 '파리 대왕'이 한 아이를 향해 넌지시 말을 건넨다. "너도 알고 있었지? 내가 너희들의 일부분이라는 걸. 그것도 아주 가까이 있는. 왜 모든 것이 그릇되게 돌아가고 모든 일이 현재의 이 꼴로 되어 있는지, 그건 바로 나 때문이야." 돼지머리로 형상화된 '파리 대왕'은 야만의 상징이며, 악(惡)의 화신이다. 야만과 악은 우리 인간 모두의 내부에 깃들어 있다. 그는 이어서 말한다. "도망치려 하지 마. 아래에서 나를 다시 만날 테니까."
우리는 야만을 피해 도망치려 하지만 야만이 우리 속에 있는
한 야만을 떨쳐 버릴 수 없다. 야만은 나의 다른 얼굴이다.

억압된 욕망

나는 쾌적하고 안락한 느낌을 주는 것을 향한다. 이런 것을
통틀어 '즐거움'이라고 할 수 있다. 즐거움을 향한 욕구는 프
로이트에 따르면 이드의 리비도적 성격에서 비롯한다. 리비
도는 나를 살게 하는 원초적인 에너지로서 그것이 없으면 나
의 삶 자체가 유지될 수 없다. 프로이트가 성(性)적인 성격을
띤 리비도에 주목한 이유는 성이 생식능력과 관련해 '나'의 보
존과 연장 혹은 확장 욕구와 밀접히 관련되어 있기 때문이다.
그런 한에서 리비도는 나에게 삶의 본능이어서 내가 거부할
수 있는 성질의 것이 아니다. 나는 기본적으로 리비도의 활동
에 충실히 봉사하지 않으면 안 된다.

그런데 리비도가 추구하는 쾌의 원칙은 나의 자기애(自己
愛), 즉 나르시시즘에 입각해 있다는 게 문제다. 나의 즐거움
만을 생각한다면 리비도를 억압하지 않고 리비도 홀로 마음
껏 활개 치게 할 수 있다. 하지만 타인과의 관계에 들어서는
순간 나의 나르시시즘은 날것으로 주장될 수 없게 된다. 엄마
에게 접근하는 내가 아빠의 손에 의해 제지당하듯이 리비도

는 현실의 원칙(principle of reality)에 직면하면서 우회로를 모색해야 하는 새로운 국면을 맞이하게 된다.

일상의 예를 들자면, 허기를 채워 위를 즐겁게 해 주기 위해 길거리 상점의 사과를 덥석 집어 든다면 주인에게 목덜미를 잡히는 불상사를 겪을 가능성이 크다. 내가 지향하는 쾌의 원칙이 현실의 원칙에 의해 덜미를 잡히는 순간이다. 컴퓨터 게임이 너무 즐거워 몰두하다 보면 정작 내가 해야 할 일을 등한시하게 되어 현실적으로 피해를 보기 십상이다. 쾌 혹은 즐거움은 원칙적으로 신체적 감각과 관련되어 있어서 어떤 것에 쾌를 느끼면 그 쾌감을 반복적으로 느끼고자 하는 강박(強迫) 심리가 작동한다. 그래서 쾌를 유발하는 행위를 중단하기란 쉬운 일이 아니다. 욕망 충족이 외부의 힘에 의해 강제적으로 차단당해 내가 고통을 느끼거나 상처를 입으면 나는 쾌를 유발한 대상이나 행위에서 자신을 거두어들이게 된다. 이렇게 쾌를 향한 나의 욕망은 억압된다.

외부의 강제력에 의해 즐거운 행위를 억제할 수밖에 없게 될 경우, 충족되지 않고 내 안으로 밀려들어 간 욕망은 에너지로 리비도 안에 보존된다. 충족되지 않은 욕망은 사라지지 않고 뉴턴의 에너지보존법칙에 따라 내 안에 고스란히 남아 의식의 밑바닥에 움츠리고 있다가 기회가 되면 언제라도 다시 튀어나올 채비를 차리고 있는 것이다. 하는 일이 지루하고 재미가 없으면 없을수록 내 마음은 즐겁게 하는 것으로 자꾸 나를 유혹한다. 술, 담배, 마약에 빠지면 쉽게 벗어나지 못하는 이유도 여기에 있다. 억제된 욕망은 내 의식의 공백 혹은 틈을 타고 흘러나오려는 강한 습성을 지니고 있다. 이성과 의식이 아무리 강력하게 나의 '잘못된 습성'을 반성하여 질타해도 리비도에 감춰진 쾌의 욕망을 억누르기에는 역부족인 경우가 허다하다. 그것은 내 의지와 상관없이 독자적인 논리와 힘을 가지고 나를 움직이기 때문이다.

'길티 플레저(guilty pleasure)'는 쾌를 추구하는 경향의 위력을 알려 주는 용어다. 현실원칙에 의하면 해서는 안 되는 행위이기 때문에 하지 말아야 할 행위를 하면서 즐거움을 느낄 때 우리는 이를 길티 플레저라고 부른다. 시험공부를 해야 할 시간에 딴짓을 한다거나 건강상의 이유로 술을 마셔서는 안 되는데 몰래 술을 마실 때 맛보는, 죄책감이 섞인 즐거움이다. 인간은 이처럼 즐거움의 유혹 앞에서 나약하기 짝이 없다.

야만의 승리

즐거움, 즉 쾌를 추구하는 욕망은 정신이 아니라 신체와 관련된 한에서 원초적이고 본능적이다. 나는 쾌감을 주는 것이라면 그것이 자신을 파괴하고 타인을 해치더라도 이성의 질서를 순식간에 거부하고 쾌감을 느끼는 쪽으로 향하려고 한다. 하지만 리비도의 요구에 따라 나의 자기애적 욕구만을 충족시킬 수는 없는 일이다. 여기서 쾌락을 추구하는 맹목적인 힘의 원칙과 쾌락 충족의 현실성을 고려해 그 힘을 통제하려는 힘의 원칙이 대립한다. 그래서 나(Ego)는 쾌락원칙과 현실원칙을 적절히 조율하지 않으면 안 된다.

그런데도 현실원칙을 무시한 채 쾌락원칙만 따른다면 어떻게 될 것인가? 『파리 대왕』의 소년들이 무인도에서 만들어 낸 상황을 생각하면 그 답을 짐작할 수 있다. 처음에 민주주의적 질서를 따르려고 했던 소년들은 결국 원초적이고 충동적인 욕망의 노예가 되어 멧돼지 사냥이 불러일으킨 흥분과 광기에 휩쓸린 채 사이먼을 때려죽인다. 피기는 로저의 손에 냉혹하게 살해당하고, 한때 소년들의 지도자로서 권위를 인정받았던 랠프는 살육의 충동에 사로잡힌 한 무리의 소년들에게 무자비하게 쫓긴다. 이 끔찍한 모습은 야만의 승리를 가리킨다.

이 소설은 우리가 현재 누리고 있는 평화가 얼마나 부서지기 쉬운 것인지, 우리가 지금 문명이라 부르는 세계가 얼마나 일시적이고 위태로운 것인지를 보여 준다. 지금 질서와 평화 속에 있다고 해서 방심은 금물이다. 이 질서와 평화를 깨트릴 수 있는 야만적인 요소를 우리는 내부에 항상 지니고 있기 때문이다. 문명과 야만이라는 양극단을 대비시켜 문학적 상상력을 통해 야만의 보편성과 일상성을 형상화한 『파리 대왕』

은 '인간의 이성'이 과연 신뢰할 만한 것인가 의문을 제기한다. 문명의 질서는 한낱 잠정적이고 가상적일 뿐이어서 인간의 본성에 도사린 파괴적인 야만에 언제라도 자리를 내줄 수밖에 없는 허약한 것이 아닌가.

현실원칙을 무시하고 쾌를 주는 일에 탐닉하는 행위가 한 개인을 철저하게 파멸시킨 극단적인 예로 쥐스킨트(P. Süskind, 1949~)의 소설 『향수』의 주인공 장 그르누이를 들 수 있다. 그르누이는 파리의 한 생선가게 좌판 밑에서 태어난다. 그 자신은 어떤 냄새도 풍기지 않으면서 세상의 모든 냄새를 분류하고 기억할 수 있는 특별한 능력을 가지고 있다. 냄새에 대한 탐닉은 그의 유일한, 억제할 수 없는 욕망이다.

> 그는 아주 탐욕스러웠다. 그의 냄새 사냥의 목적은 이 세상에서 냄새라고 부를 수 있는 모든 것을 소박하게 있는 그대로 소유하는 것이었다.……그는 그 모든 냄새를 먹어치웠고 빨아들였다. (강명순 옮김, 열린책들, 1999, 54쪽)

향기의 세계에 빠진 그르누이는 원하는 향기를 얻기 위해서 살인도 서슴지 않는다. 그는 죽은 소녀들에게서 채취한 향기를 조합해 이 세상에서 가장 좋은 체취를 풍기는 사람, 그래서 가장 사랑받는 사람이 되고자 한다. 살인자로 체포되어

처형장에 이른 순간 그는 자신이 완성한 향기로 모든 사람을 매혹시켜 무사히 풀려난다. 그리고 파리의 한 납골당에서 부랑자 무리를 만나 한 조각도 남지 않고 소멸한다. 자기 파괴의 가장 극단적인 형태라 하겠다.

욕망의 승화

욕망이 걸러지지 않고 그대로 표출되면 이처럼 폭력과 파괴를 초래한다. 리비도의 성격을 지닌 한 그 욕망은 맹목적이고 거칠다. 그것에 자기를 내맡기는 것은 고삐가 없는 말을 타고 가는 형국이다. '고삐 없는 말'을 통제하는 방법은 말을 강제로 멈추게 하는 일이 아니라 '고삐'를 만들어 말을 내가 원하는 방향으로 조종하는 일이다. 여기서 '억압된 나의 욕망'을 '어떻게' 분출할 것인가가 나에게 커다란 과제로 등장한다. 이와 관련해 프로이트가 정신분석학의 시각에서 르네상스 시대의 대표적 화가 레오나르도 다 빈치의 작품을 분석한 사례는 흥미롭다. 그는 「레오나르도 다 빈치의 유년의 기억」이라는 긴 논문에서 '독수리의 꽁지가 내 입을 열고 입술을 쳤다'는 화가의 기억을 바탕으로 그의 작품 몇 점에 감춰진 심리 기제를 해석한다. 프로이트는 〈두 성녀와 아기 예수〉라는 그림에서 마리아의 옷자락에 나타난 독수리 형상이 다 빈치가 어린 시절 경험한 '독수리 환상'을 반영한다고 보고 이를 다

빈치가 아버지의 집에 살면서 느꼈던 심리적 복합 감정과 결부시켜 이해한다. 다 빈치는 어린 시절 아버지를 따라 새어머니 집에 살게 된다. 그는 어머니에 대한 그리움과 자신을 어머니에게서 떼어 놓은 아버지에 대한 증오심을 억제하지 않으면 안 되었다. 이 억제된 에너지를 자연과 인간에 대한 '탐구'로 돌린 다 빈치는 무의식중에 어머니에 대한 애정을 '작품' 안에 재현함으로써 부모에 대한 심리적 강박에서 어느 정도 벗어난다. 억압된 리비도적 욕구를 생산적 일(작업)로 전환하는 심리적 기제가 곧 승화(sublimation)다. 다 빈치는 부모에 대한 심리적 갈등에서 빚어진 리비도의 억압을 인간 탐구의 열의로 승화시켜 걸출한 작품을 생산할 수 있었다.

승화는 인류에게 '문화' 혹은 '문명'의 출현을 가능케 한 정신분석학적 근거다. 인간의 의식적 활동의 결과로 여겼던 인류의 문화나 문명을 프로이트는 인간의 무의식에 억압된 욕망의 우회적 표현이고 산물이라고 해석한다. 그런데 프로이트에 따르면 나의 억제된 욕망은 승화를 통해 남김없이 충족되지는 않는다. 억제된 욕망은 무의식계로 밀려들어 가면서 무정형성을 띠게 되는데 이는 문명이라는 정형화로 남김없이 표출되지 않기 때문이다. 따라서 승화되지 않는 찌꺼기가 남기 마련이다. 프로이트는『문명 속의 불만』에서 승화되지 않고 남아 있는 이 잉여에서 '불만'이 생긴다고 지적한다. 여기서 불만에 해당하는 독일어 'das Unbehagen'은 편안하지 않은 상태, 욕망이 완전히 충족되지 않아 개운하지 않은 상태다. 욕망과 문명 간의 격차로부터 잉여로 남은 에너지가 해소되지 않는 한 불만은 사라지지 않기 때문에 이 에너지는 새로운 문화와 문명을 창출할 수 있는 토대와 계기로 작용한다.

부드러운 쾌의 추구

일상에서도 리비도의 에너지는 기본적으로 나를 살게 하는 힘이다. 그 힘을 어떻게 쓰느냐에 따라 삶은 전혀 다른 방향으로 전개된다. 리비도의 에너지는 억압당하기는 하지만 사라지는 법이 없다. 그 에너지는 다양한 방식으로 억제되지만 표출될 때에는 맹목적(盲目的)이어서, 에너지에 눈을 만들어주는 건 전적으로 나의 몫이다. 억제되어 안으로 떠밀려 들어간 에너지는 어떤 방식으로 표출되느냐에 따라 그 결과가 건강할 수도 있고 그렇지 않을 수도 있다. 나의 욕망이 생산적인 방향으로 승화되면 건강한 나를 만들겠지만, 욕망이 승화되지 않아 원색적으로 발휘되면 파괴적인 방향으로 진행되어 건강하지 않은 나를 만든다. 내 욕망이 표출될 수 있는 통로를 어떻게 마련하고 그 방향을 어디로 설정할 것인가가 문제다.

내가 느끼는 즐거움이 나를 망친다는 생각이 든다면 그건 내가 계속 가야 할 방향이 아니다. 나에게 쾌를 주는 길을 부정하고 새로운 길을 모색하지 않으면 안 된다. 물론 쾌를 유발하는 길을 거부하기란 결코 쉽지 않다. 거부해야 할 쾌락은 신체적이고 감각적이어서 자연적 순리에 가깝기 때문에 나의 의식적인 반성이 충분히 강력한 효과를 내지 못하는 경우가 많다. 그렇다고 해서 불가능한 것은 아니다. 나와 나의 행위는 불가분적으로 붙어 있지 않고, 그 사이에는 항상 일정한 거리 혹은 틈이 있어서 그 틈새를 공략할 수 있다. 내가 새로운 길을 모색하고 실현할 가능성은 이 틈새에서 열린다. 나의 '사유'를 적극적으로 가동해 이 틈새를 비집고 들어가야 한다. 그래서 쾌를 누리는 '현재'가 아니라 그 결과로 예상되는 '미래'를 예견해 거기에 나를 투사할 필요가 있다. 내 능력을 발판 삼아 행위의 방향과 조건을 새롭게 설정함으로써 나는 기존의 관성적인 행위에서 차츰 벗어날 수 있다.

/

쾌를 추구하는 우리의 본성을 무작정 억누를 수는 없다. 다만 욕망이라는 이름의 이 전차가 어디를 향하게 할 것인가는 내 의지의 문제다. 일시적으로는 즐겁지만 지나고 보면 씁쓸하고 허망한 일들을 가능한 한 피해야겠다. 리비도의 직접적인 분출에 의한 즐거움은 대체로 자극이 강력하다. 그것은 성적 쾌감과 관련되기 때문이다. 하지만 리비도의 에너지가 승화되어 우회적으로 발산될 경우 그 즐거움은 자극적이지는 않지만 지속적인 쾌적함과 안정감을 유발한다. '일시적이고 자극적인(hard) 쾌'보다 '지속적이고 부드러운(soft) 쾌'를 추구하는 게 장기적으로는 나의 행복감을 보장한다. 배가 고파서 먹는 행위는 욕구를 충족시키는 행위지만 맛있는 것을 먹는 행위는 욕망을 충족시키는 행위다. 그러므로 맛있는 것을 먹는 것도 부드러운 쾌의 추구에 포함된다.

이렇게 볼 때 즐거하는 행위, 다시 말해 우리가 흔히 취미라 부르는 행위는 그것이 현실원칙과의 조율 안에서 일어나는 한 모두 부드러운 쾌를 추구하는 행위다. 지속적이고 부드러운 쾌는 일시적이고 자극적인 쾌에 비해 생산적이며 건강하다. 내부에 있는 리비도적 욕망 때문에 나는 불나방처럼 밝은 곳을 향해 충동적으로 몸을 던지려는 경향이 있다. 리비도의 직접적인 표출은 강렬한 쾌감을 주지만 자기 파괴의 길로 유혹할 위험성이 있다. 반면 리비도의 우회적인 표출은 만족감이 약하고 느린 듯하지만 팽팽한 긴장감에서 벗어나 은근한 '기분 좋음'의 상태를 일상적으로 유지시킨다. 삶을 쾌적하고 만족스럽게 영위하려면 그리고 내가 추구하는 쾌가 나를 망치는 것이 아니라 나를 성장시키는 경험이 되게 하려면 욕망이 부추기는 방향을 무분별하게 따라갈 것이 아니라 나의 욕망을 부드럽고 쾌적한 방향으로 유도해야 한다.

7장

어떻게
사랑할 것인가?

삶을 추동시키는 근원적 욕망이 가장 왕성하게 활동하는 영역은 바로 사랑이다. 프로이트가 리비도를 에로스적 에너지라 칭하는 까닭도 여기에 있다. 인간의 가장 원초적인 욕망이 종족 보존의 욕망인 한에서 여기서 말하는 사랑은 남녀 사이의 사랑이며 무엇보다도 먼저 육체성을 띤다.

사랑의 이기주의

요절한 프랑스 작가 라디게(R. Radiguet, 1903~1923)의 『육체의 악마』는 17세 소년의 작품이라고는 믿기지 않을 만큼 남녀의 사랑에서 육체적 쾌락이 차지하는 큰 비중을 날카롭고 투명하게 묘사한다. 주인공 '나'는 고등학생으로 우연한 기회에 알게 된 마르트와 사랑에 빠진다. 마르트는 남편 자크가 전쟁터에 나가 있어 홀로 지내고 있다. 두 사람의 애정은 전적으로 육체적인 것이다. "내 상상력은 도저히 내가 생각할 수도 없을 정도로 쾌락을 기대하고 있었다"와 "나는 사랑 없이는 지낼 수 있어도 마르트에 대해 아무 권리를 가지지 않고 지낼 수는 없었다"는 말에서 알 수 있듯이 나는 마르트와의 육체관계와 쾌락에 병적으로 집착한다.

둘의 사랑은 자신들의 사랑을 지키기 위해서라면 다른 것들은 아무렇지도 않게 희생시킬 수 있을 만큼 이기적이다. 마르트가 자기 어머니에게 거짓말을 하면서까지 나와의 사랑을 지키려 하는 것을 보고 주인공 나는 이렇게 말한다. "사랑이란 결국 두 사람의 이기주의로서 모든 것을 자신을 위해 희생하고 또한 거짓말로 존속하는 것이다." 사랑하는 두 사람이 함께 나누는 행복감을 위해서라면 주위 사람들의 시선은 무시되고 이익은 희생되어야 마땅하다. 그래서 주변 사람들은 물론 서로에게도 거짓말을 서슴지 않는다.

자신들의 애정을 보존하기 위한 거짓말은 이 소설 전반에 걸쳐 무수히 등장한다. 바스티유역에서 우연히 마주친 두 사람이 함께 시간을 보내게 되었을 때 마르트가 시댁에서 점심 식사를 하기로 되어 있다고 말하자 나는 그녀가 자기와 함께 남기로 결심하게 하리라고 마음먹는다. 그리고 시댁에 거짓 핑계를 대기 위해 전화를 걸러 간 마르트를 기다리면서 꽃을 산다.

그 꽃을 받고 마르트가 즐거워할 거라는 생각보다는, 꽃을 어디서 얻었는가를 자기 부모에게 변명하기 위해서 그녀가 오늘 저녁에 또 한 번 거짓말을 해야만 한다는 생각을 했다.……그러한 것들은 내게 키스보다도 더욱 감미로운 사랑의 표시가 되었다.(원윤수 옮김, 민음사, 2014, 41쪽)

상대방이 오직 자기만을 향해 있길 바라는 데서 비롯한 '권장된 거짓말'의 유희 속에서 이들의 애정 행각은 힘을 얻고 계속된다. 사랑의 당사자들은 기꺼이 서로의 '내 것'이 되고자 한다. 자발적인 투항이다. 그럼으로써 지구상에 너만이 '남자'이고, 너만이 '여자'여야 한다. 다른 어떤 남자도 여자가 '남자'로 보아서는 안 되고, 다른 어떤 여자도 남자에게 '여자'로 보여서는 안 된다. 두 사람이 인류의 '여자'와 '남자'를 대표해야 한다. 연애 이기주의의 극단이다.

마르트와 나를 잇는 연애 감정의 끈은 '육체'다. 이들이 서로를 갈구하고 집착하는 연결 고리는 육체적 욕망이다. 서로의 육체에 길들여지면 서로는 상대를 저버리지 못한다. 육체의 습관은 무섭다. 주인공 나는 말한다. "우리는 새로운 것 속에서가 아니라 습관적인 것 속에서 가장 큰 쾌락을 느낀다." 상대방의 육체에 대한 행복한 기억은 반복을 원한다. 그리고 이 욕망은 그 충족을 위해서라면 무엇이든지 희생시킬 수 있는 이기주의적인 욕망이다.

사랑에서 육체적 요소는 물론 중요하다. 사랑의 전제가 되는 끌림은 신체적이고 감각적인 요인에 의해 유발되고 사랑의 표현은 신체성을 수반한다. 하지만 사랑이 오로지 육체의 탐닉으로만 흐른다면 이는 위험하다. 현실원칙을 무시하고 쾌락원칙만 따르면 자기 파괴에 이를 수 있기 때문이다. 『육체의 악마』는 주인공의 아이를 출산한 마르트가 사망하면서 비극적으로 끝난다. 육체적 사랑의 이기주의가 초래한 불가피한 파국이다.

사랑, 풍요와 빈곤의 이중주

사랑의 신 에로스는 프로이트 이론에서 육체적 혹은 성적 사랑을 의미하지만 그리스 신화에서는 그 의미가 다르다. 『신통기』의 저자 헤시오도스에 따르면 태초에 카오스(혼돈)가 있었고 다음에 대지(땅)의 여신 가이아(Gaia) 그리고 사랑의 신 에로스(Eros)가 생겨난다. 여기서 가이아에 바로 이어 에로스가 생겨난다는 서술은 의미심장하다. 에로스가 만물이 생겨나기 이전에 존재한다. 우주의 운행에서 '사랑'이 그만큼 필수적이라는 뜻이다.

플라톤의 『향연』에서 소크라테스가 전하는 에로스의 탄생 이야기는 다르다. 디오티마라는 한 여인이 사랑의 본질에 대

해 설파하는 이야기를 통해 소크라테스는 사랑, 즉 에로스의
특성을 밝힌다. 에로스의 출생과 관련된 디오티마의 신화적
설명은 이렇다. 미(美)의 여신 아프로디테(비너스)의 생일을
기념하는 향연에 풍요의 신 포로스(Poros)도 초대를 받았다.
배불리 먹고 포만감에 사로잡힌 포로스는 그 자리에서 잠에
빠져든다. 그때 구걸하러 온 빈곤의 여신 페니아(Penia)는 잠
에 곯아떨어진 포로스의 모습을 본다. 가난에서 벗어나기 위
해 포로스의 아이를 갖고 싶다는 생각으로 잠든 그의 옆에 몸
을 붙여 에로스를 임신한다.

에로스는 풍요로운 포로스와 빈곤한 페니아의 자식이다.
그리고 미의 여신 아프로디테의 시종으로 아름다움을 추구한
다. 에로스는 '아름다움에 대한 사랑'이다. 사랑은 '~을 향한
사랑'이라는 점에서 항상 결핍을 전제한다. 사랑은 그 자체로
아름다운 게 아니다. 무언가 부족한 게 없으면 사랑을 원하
지 않는다. 에로스가 풍요와 빈곤의 자식이라는 사실은 중요
한 의미를 함축한다. 사랑을 통해 우리는 혼자서 있을 때보다
좀 더 풍요로워지기도 하지만 다른 한편으로 채워져야만 하
는 결핍을 더 날카롭게 느끼기도 한다. 에로스는 자신이 본래
지니고 있는 사랑의 속성 때문에 한없이 풍요롭고 관대하며
용감하지만 다른 한편으로는 무한히 초라하고 무모한 모습을
보인다. 사랑을 둘러싼 숱한 환희와 갈등은 사실 이러한 사랑

의 이중성에서 온다.

디오티마의 이야기가 '사랑은 무엇인가'에 대한 설명이라면, 플라톤이 『향연』에서 아리스토파네스의 이름으로 소개하는 신화는 '인간은 왜 사랑하는가?'에 대한 설명이다. 아리스토파네스가 서술하는 신화에 따르면 인간은 본래 암수한몸인 완전체였다. 전후좌우로 자유롭게 이동할 수 있었고 빠르게 구를 수도 있었다. 힘이 세고 기품도 있어서 종종 신의 세계에 도전하기도 했다. 신의 세계에 도전하는 이런 인간들을 두려워한 나머지 신들의 제왕 제우스는 고심 끝에 인간을 반으로 가르기로 한다. 제우스의 결단에 따라 둘로 나뉜 인간은 원래 하나였던 자기를 다시 회복하기 위해 잃어버린 반쪽을 서로 그리워한다. 그래서 남성과 여성은 사랑으로 하나가 되어 인간의 죄로 인해 상실된 통일의 축복을 다시 향유하고자 한다는 것이 사랑에 대한 전통적인 신화적 해석이다.

사랑은 '잃어버린 반쪽'에 대한 열망이다. '하나', 즉 '완전'에의 욕구다. 사랑은 플라톤이 '이데아'라고 부르는 이상적인 완전체를 회복함으로써 실현된다. 그런데 플라톤에 따르면 인간이 잃어버린 반쪽을 찾는 것이 신체의 합일을 지향하는 데 그치는 한 사랑의 궁극적인 실현은 이루지 못한다. 플라톤의 이데아론에 비추어 볼 때 에로스는 신체적인 합일에 머물지 않고 영혼의 합일을 이룰 때에만 완전한 사랑에 이를 수 있다. 에로스는 아버지 포로스의 대담함과 용기를 바탕으로 자신의 출처인 이데아계의 통일적 영혼을 회복하기 위해 부단히 애쓴다. 소위 '플라톤적 사랑(platonic love)'이란 사랑이 육체적인 욕망과 합일을 넘어서 영혼 혹은 정신의 합일을 꾀하는 데에서 생겨난 말이다.

진실하게 사랑하기

플라톤이 중시하는 사랑은 정신적인 합일로서 '사랑의 순수성'을 지향한다는 점에서 서양의 고전문학과 철학에서 사랑의 의미를 조명하는 데 중요한 단서를 제공한다. 그 대표적인 예가 밀러(M. Müller, 1823~1900)의 『독일인의 사랑』이다. 주인공 '나'와 마리아 사이의 사랑을 다룬 이 소설은 근대 독일의 관념적 낭만주의를 인간의 보편적인 사랑 감정으로 표현한 걸작으로 참된 사랑의 전형(典型)을 그리고 있다.

'나'는 어린 시절 한마을에 사는 후작의 딸 마리아를 알게 된다. 늘 병에 시달리고 말이 없는 그녀를 나는 소년이 품을 수 있는 순수함과 진심, 그리고 온 마음을 다해 사랑한다. 나는 "두 사람의 영혼이 가까워질 수 있는 한 가장 가까이, 그녀의 영혼이 내 영혼에 접근했음을 느끼고 있었다." 학업 때문에 고향을 떠나 있던 오랜 시간 동안에도 마리아는 나의 가슴에 항상 살아 있었다. 여름방학 동안 고향에 돌아와 지내게 된 주인공은 마리아와의 재회를 이렇게 표현한다. "그녀가 켜는 감정의 현(絃)치고 이미 나의 영혼 속에서 울리지 않은 음(音)이 없었고, 내가 입 밖에 낸 생각치고 그녀가 다정하게 고개를 끄덕이며, 나도 그렇게 생각했어요, 라고 응해 오지 않은 생각은 없었다." 두 사람의 사랑은 무엇보다도 영혼의 합일이다. 뮐러는 주인공의 입을 빌려 사랑에 대해 다음과 같이 말한다. "천체들이 서로를 끌어당기고 서로에게 기울며 영원한 중력의 법칙에 따라 응집하고 있듯이, 타고난 영혼들 역시 서로에게 기울며 끌어당기고, 사랑의 영원한 법칙에 따라 결속하고 있다."

그런데 '나'가 몸담은 사회에서 참된 사랑의 감정은 생겨나기도, 표현되기도 힘들다.

어쨌든 이 사회는 관습이니 예의니, 분별이니 현명함이니, 생의 지혜니 하는 이름을 붙여 우리에게 끊임없이 거짓 놀음을 요구하며 우리의 생 전체를 일종의 가면무도회로 만들어 버리지 않는가. 이런 거짓놀이에 참여하고 있으면서, 아무리 뜻이 있다 해도, 자신의 본연의 진실을 온전히 되찾아 가진 사람들이 과연 몇이나 될까?

심지어 사랑까지도 고유의 언어를 말하지도, 고유의 침묵을 그대로 침묵하지도 못하며, 시인의 상투어를 배워 열광하거나 한숨짓고 일시적 유희를 벌인다. 있는 그대로 맞아들이고, 서로를 바라보며 헌신할 줄을 모르는 것이다. (차경아 옮김, 문예출판사, 1994, 54쪽)

그래서 나는 "사랑하는 이들조차 진정 느끼는 것을 서로 표현할 힘을 갖지 못한 것일까?" 한탄한다.

나는 가면무도회와도 같은 세태에 대항해 마리아에 대한 사랑을 거짓 없이 드러낸다. 마리아도 나의 마음을 받아들인다. 하지만 두 사람을 둘러싸고 소문이 나자 병고에 시달리는 마리아의 처지와 신분 차이를 이유로 주위 사람들은 그들의 만남을 만류한다. 이에 고민하던 마리아도 세상은 이 사랑을 이해하지 못하고 용납하지도 않으니 헤어지자고 말한다. 이 말을 들은 나는 이렇게 답한다.

세인들이 말하는 사려(思慮)라든가 온당함, 선입견 같은 것은 담쟁이덩굴과 같은 것이지요. 초록색 담쟁이덩굴은 보기에 아름답습니다. 그렇지만 그것들을 너무 무성하게 버려두어서는 안 돼요. 그러면 그것은 우리 마음의 구조 틈서리마다 뻗어 들어가, 안에서 우리를 응집시키는 시멘트를 파괴할 테니까요. (107쪽)

사랑에는 이처럼 세태의 흐름에 맞서는 용기가 필요하다. 진정한 사랑은 자기 전체를 내맡기는 모험을 요구한다. 사랑을 위해 몸을 사리거나 계산하지 않아야 한다. 사랑을 향해 떠난 이는 왕복표를 끊지 않는다. 다시 돌아올 거리와 시간을 미리 염두에 두는 행위는 '참된 사랑'을 하는 태도가 아니다. 그것은 비겁하다. 주인공 '나'가 마리아의 주치의가 권하는 대로 마리아를 잠시 떠나 있다가 다시 찾아갈 결심을 했을 때 그가 그녀를 향해 걸어간 길은 돌아올 길을 염두에 두지 않은 편도(片道)의 길이다. "내게 주어진 의무는 지체 없이 그녀에게 돌아가 하늘이 우리에게 주신 모든 것을 감내하는 것이었다." 마리아가 당장 숨을 거둘지도 모르는 중병을 앓고 있다는 사실도 나에게는 중요하지 않다.

자신의 전부를 내맡기는 사랑은 맹목적이다. 사랑은 본래 눈이 멀어 있다. 사랑 앞에서는 눈이 멀어야 한다. 사랑을 계산하지 않아야 진정성이 있다. 진정한 사람은 조건이나 상황을 고려하지 않는다. 또한 세상의 잣대로 옳고 그름을 따지지 않는다. 이런 사랑의 대상이 내 마음에 응답할 때의 환희를 『독일인의 사랑』은 다음과 같이 묘사하고 있다.

홀륭한 수영선수는 바다 멀리까지 헤엄쳐 나가기를 겁내지 않는다. 그는 팔에 점점 힘이 빠지는 것을 느낄 때에야 비로소 되돌아갈 생각을 한다. 그러고는 아득히 먼 곳의 해안에는 감히 시선을 던지지 못하고 허겁지겁 파도를 가른다. 팔을 휘두를 때마다 힘이 빠져나가는 것을 느끼면서 그는 그 사실을 인정하려 들지 않는다. 그리고는 마침내 맹목적으로 허우적거리며 자신의 처지를 거의 의식할 수 없는 상황에 이른다. 이때 갑자기 그의 발이 땅에 닿고 그의 팔은 해변의 아무 바위나 움켜잡게 되는 것이다. (75쪽)

소설에서 뮐러가 그리는 사랑은 플라톤적 사랑, 서로를 갈구하는 두 영혼의 결합이다. 이런 생각은 소설 전체에서 찾아볼 수 있는데 특히 마리아가 왜 자기를 사랑하느냐고 묻자 주인공이 '나는 당신을 사랑하도록 되어 있기 때문에' 사랑한다고 대답하는 장면 그리고 마리아가 죽으면서 주인공에게 남긴, '신의 뜻대로'라는 말이 새겨진 반지와 그녀가 쓴 '당신의 것은 나의 것입니다'라는 말에서 잘 드러난다. 그렇기에 주인공 '나'는 '잃어버린 반쪽'과의 결합인 이 사랑이 "죽음으로 파괴될 수 없을뿐더러 오히려 죽음을 통해 정화되고 승화되어 불멸의 것으로 화할 것"이라고 확신할 수 있는 것이다.

사랑의 절대성

자기 자신을 전부 내던져 사랑하고 싶은 상대를 만난다고 해도 그 사랑이 반드시 해피엔딩으로 이어지는 것은 아니다. 사랑도 인간의 다른 감정과 마찬가지로 사회적 맥락을 벗어날 수 없어서, 진정한 사랑의 감정이 비극적으로 마감되는 경우를 흔히 만날 수 있다. 괴테(J. W. von Goethe, 1749~1832)의 『젊은 베르테르의 슬픔』을 보자. 질풍노도(Sturm und Drang) 시기 독일 낭만주의 문학의 단면을 그대로 드러내고 있는 이 소설은 로테를 향한 베르테르의 사랑을 절실하고도 처절하게 묘사한다. 원제인 'Die Leiden des jungen Werthers'는 베르테르라는 젊은이가 사랑 앞에서 겪는 아픔 혹은 괴로움을 뜻한다. 알베르트와 약혼한 로테를 사랑하는 베르테르에게 닥친 '사랑의 열병'은 결국 베르테르의 권총 자살로 막을 내린다. 사랑이라는 것이 죽음과 맞바꿀 수 있을 만큼 소중한 가치라는 사실을 드라마틱하게 보여 준다. 이 소설은 당시 엄청난 파문을 몰고 와 숱한 청년들을 모방 자살로 이끌었다.

이 소설에서 특히 주목할 점은 사랑의 순수하고 절실한 감정에 빠진 사람은 '위중한 열병을 앓고 있는 사람'과 비슷한 증상을 보인다는 것이다. 친구 빌헬름에게 로테에 대한 사랑을 고백하는 편지를 보낸 후 베르테르는 친구로부터 자신을 걱정하는 내용의 답장을 받는다. 이 답장에 대해 다시 친구에게 보낸 편지에는 베르테르가 앓고 있는 '사랑의 열병'이 잘 드러나 있다.

자네가 주장하는 이론은 이것이지. 즉, 로테에 대하여 희망을 걸 수 있는가, 그렇지 않으면 없는가, 이 두 가지 중의 하나이다. 좋다! 희망이 있다면, 어디까지나 희망을 버리지 말고 그 소원을 이루도록 노력하라. 그러나 만일 희망이 없다면 용기를 내서 그 모든 정력을 소모시키는 비참한 감정으로부터 벗어나도록 최선을 다하라, 이 말이지.……

자네는 병세가 서서히 악화되는 진행성 질병에 걸려 목숨이 끊임없이 좀먹어 들어가는 불행한 사람에게 단도로 쿡 찔러서 괴로움을 단번에 없애버리는 것이 좋겠다는 충고를 할 수 있겠는가? 환자의 정력을 소모시키는 지병은, 동시에 그 병으로부터 자신을 해방시키려는 용기마저 빼앗는 것이 아닌가?(박찬기 옮김, 민음사, 2006, 73쪽)

사랑의 열병에 걸린 사람에게는 어떤 처방이나 치유책도 소용이 닿지 않는다. 백약이 무효하다. 사랑하는 사람을 향한 그의 사랑은 절대적이다. 그에게는 사랑하는 사람에 견주거나 맞설 만한 다른 대상은 없다. 베르테르는 로테에 대한 지극한 사랑의 감정을 "나는 이렇게도 많은 것을 지니고 있다. 그러나 그녀가 없으면 모든 것이 무(無)로 돌아가 버리고 만다"고 표현한다. 그리고 "내가 이다지도 외곬으로 그녀만을 진심으로 사랑하고 있는데, 어떻게 다른 사람이 그녀를 사랑할 수 있는지, 또 사랑할 자격을 갖추고 있는지, 도무지 알 수가 없다"고 한탄한다.

절대적인 사랑은 그 사랑이 응답받을 수 없다고 해서 사랑의 대상을 다른 존재로 바꾸는 것을 용납하지 않는다. 자신에 대한 사랑 때문에 괴로워하는 베르테르에게 로테는, 넓은 세상에서 그의 소원을 이뤄 줄 여자가 한 사람도 없을 리는 없다면서 훌륭한 사랑의 상대자를 찾아내 자기와는 진정한 우정의 행복을 누리자고 말한다. 이는 로테에 대한 사랑을 단념시키기는커녕 오히려 베르테르가 자살할 결심을 굳히는 계기가 된다.

로테를 향한 베르테르의 사랑이 자살로 끝나게 되리라는 것은 소설 전반부에 이미 암시되어 있다. 갑자기 말을 타고 산에 오르고 싶어진 베르테르는 여행을 떠나기 전에 작별인사를 하러 알베르트를 찾아갔다가 권총이 눈에 띄자 이를 빌려 달라고 말한다. 두 사람의 대화는 자살에 대한 논쟁으로 이어진다. 알베르트는 인간이 스스로 목숨을 끊을 만큼 어리석을 수 있다고는 도저히 상상할 수 없다면서 자살이란 결국 나약함 때문에 저지르는 행위라고 비난한다. 괴로움에 가득 찬 삶을 꿋꿋하게 참고 견디어 나가기보다는 죽는 편이 더 쉽다는 것이다. 이 말을 들은 베르테르는 이렇게 항변한다.

인간의 본성에는 한계가 있어요. 기쁨, 슬픔, 괴로움 등 희로애락의 감정을 참는 데도 한도가 있는 법이고, 그 한도를 넘으면 당장에 파멸하고 말아요. 따라서 어떤 사람이 강하다 약하다 하는 것이 문제가 되는 것이 아니라, 정신적인 일이건 육체적인 일이건 간에 자기의 고통의 한도를 견디어 낼 수 있는가 없는가가 문제지요. 따라서 나는 자기의 목숨을 스스로 끊는 사람을 비겁하다고 부르는 것은 마치 악성 열병에 걸려 죽어가는 사람을 겁쟁이라고 하는 것과 마찬가지로 이상한 일이라고 생각해요. (80~81쪽)

권총 자살이라는 극단적인 행위는 로테를 향한 절대적인 사랑을 지키기 위해 베르테르가 할 수 있는 유일한 선택이다. 그는 현실에서 이룰 수 없기 때문에 사랑에 패배한 것이 아니라 죽음을 통해 자기 사랑의 절대성을 완성하고자 한다. 죽기 직전 로테에게 남긴 편지에서 그는 이렇게 밝히고 있다. "이것은 절망이 아닙니다. 스스로 참고 견디어 냈다는 것, 당신을 위해 스스로 몸을 바쳐 희생하겠다는 것에 대한 확신입니다." 흔히 『젊은 베르테르의 슬픔』에 대해 '죽음을 통한 사랑의 승화'라고 말하는 까닭이 여기에 있다.

사랑의 불균형

서로 다른 공간에서 서로 다른 시간을 살고 있던 남녀가 '하나의 시간과 공간' 속으로 들어옴으로써 사랑은 시작된다. 사랑은 '같이 가짐' 혹은 '같이 나눔'의 현상이라는 점에서 공유에의 욕구와 떼어 놓고 생각할 수 없다. 하지만 '공유'란 '같이 가진다'는 뜻일 뿐 '같은 양(量)을 갖는다'는 뜻은 아니다. '사이'를 서로 좁혀 가면서 시공간을 공유하기 위해 서로가 투자하는 감정의 양은 현실적으로 같을 수 없다는 게 항상 문제다. 산술적으로 50 대 50의 비율로 사랑의 감정이 채워지지는 않는다는 것이다. 보통(A. de Botton, 1969~)의 소설 『우리는 사랑일까』는 이 문제를 다룬다.

보통은 이 소설에서 앨리스와 에릭의 애정 관계를 다양한 측면에서 조명하는데 특히 사랑 감정의 물리적인 불균형을 '사랑의 총량론'을 들어 설명하는 대목은 이 소설의 압권이다. 사랑의 총량론은 물리 역학의 에너지보존법칙에 근거한다. 사랑의 총량론에 따르면 사랑을 유지하기 위해서는 일정한 에너지가 상수로 요구된다.

> 방정식으로 나타냈을 때, 두 사람이 함께하려면 양쪽에서 40단위 [이것을 x라고 한다]에 이르는 노력이 필요하다고 하자. ……40x라는 값은 관계가 지속된다는 것을 나타내는데, 잔인한 점은 총량을 양쪽이 똑같이 지불해야 하는 것은 아니라는 데 있다. 양쪽이 20단위씩 노력을 내놓는 관계가 가장 합리적이겠지만, 원래 한쪽이 상대방보다 더 많이 노력하게 마련이다. (공경희 옮김, 은행나무, 2013, 374쪽)

현실에서 사랑은 양쪽이 동일한 에너지를 제공해 힘의 균형을 맞추는 식으로 진행되지 않는다. 사랑하는 이들은 종종 생각한다. '그는 내가 그를 사랑하는 것보다 나를 덜 사랑한다.' 가끔 이렇게 말하기도 한다. '너는 왜 나를 그 정도밖에 사랑하지 않아?' 사랑의 감정을 양으로 측정할 경우 어느 한쪽으로 항상 기울기 마련이다.

소설 속 주인공 앨리스와 에릭의 관계도 마찬가지다. 소설의 원제인 'The Romantic Movement'는 문예사조상 '낭만주의'를 뜻하지만, 저자는 이를 글자 그대로 '낭만적인 움직임'의 의미로 사용한다. 앨리스는 낭만적인 사랑을 꿈꾼다. 낭만적인 사랑을 완성하기 위해 앨리스는 에릭에게 헌신적으로 다가간다. 그런데 사랑보다는 자기의 일이 우선인 에릭은 앨리스가 꿈꾸는 사랑에 근접하지 못한다.

보통의 표현에 따르면 낭만파인 앨리스는 모든 욕구를 기둥 하나에 모으는 경향이 있었고, 그 기둥 하나가 온 무게를 견디기 바란다. 반면에 지성파인 에릭은 무게를 폭넓게 분산해 사랑과 일 등 네 개의 기둥이 받치고 있다. 그래서 앨리스는 사랑이라는 기둥이 빠지면 삶 전체가 무너지는 데 반하여, 에릭은 사랑이라는 기둥이 빠져도 삶 전체가 흔들리지는 않는다. 에릭에게 앨리스와의 사랑은 자기 삶을 진행하는 데 하나의 에피소드 혹은 해프닝의 성격을 띤다. 에릭은 자신이 계획한 삶을 별다른 변화 없이 진행시켰고, 그 진행 과정에 앨리스가 끼어든 것뿐이다. 자기 삶에 앨리스가 들어왔어도 그는 앨리스와의 관계를 지속시키기 위해 특별한 노력을 기울일 필요가 별로 없었다.

그들의 관계에서 에릭은 제 몫의 노력을 지불하는 것을 피했다. 자신이 노력하지 않으면 앨리스가 애쓰리라는 것을 알았기 때문이다. 그 남자가 10단위만 노력하면, 그녀가 나머지 30단위를 채울 터였다.……그 남자는 말다툼을 벌이고 나서 교착 상태를 깨뜨리고 싶지 않을 때, 그녀가 화해를 청해 오리라고 믿을 수 있었다. (375쪽)

하지만 앨리스는 다르다. 그녀에게는 에릭과의 사랑이 거의 삶 전체를 의미했기 때문에 에릭과의 관계를 유지하기 위해 그녀는 자신을 에릭에게 맞추려고 노력한다. 그리고 이러한 사랑의 불균형은 권력의 불균형을 낳는다. "당신이랑 이렇게 있으면 정말 편안해요"라고 말하는 앨리스보다는 그 말에 대한 대꾸도 없이 "오늘 저녁 몇 시에 본드 영화를 하죠?" 하고 묻는 에릭이 강자다.

사랑의 목표는 소통과 이해이기 때문에, 화제를 바꿔서 대화를 막거나 두 시간 후에나 전화를 걸어주는 사람이, 힘없고 더 의존적이고 바라는 게 많은 사람에게 힘들이지 않고 권력을 행사한다.(172쪽)

이처럼 불균형한 두 사람의 관계는 결국 지속되지 못한다. 에릭은 대수롭지 않은 말로도 그녀에게 상처를 입힐 만큼 권력을 휘두른다. 앨리스는 자신에게 상처 입히는 에릭을 이해하고 변명해 주려 애쓰던 자신만의 일방적인 노력에 서서히 지쳐 간다. 그리고 자신이 더 많이 희생하고 감수해야 하는 상황에서 느끼는 굴욕감을 더 이상 참지 않기로 결심한다. 결별을 선언하는 앨리스에게 에릭이 뒤늦게 다시 한번 기회를 달라고 하지만 너무 많이 바라고 너무 오래 기다린 앨리스는 이제 완전히 냉소적인 사람이 되었을 뿐이다.

성숙한 사랑

사랑은 두 사람 사이에서 이루어진다. 여기서 '사이'가 중요하다. 사이는 '거리'를 전제한다. 그렇기 때문에 사랑에서는 거리 문제를 고려하지 않을 수 없다. 『독일인의 사랑』에서 두 연인 사이에 오가는 지고지순한 사랑이나 『젊은 베르테르의 슬픔』에서 로테를 향한 베르테르의 사랑은 거리가 끼어들 여지가 없는 것처럼 보인다. 그러나 현실에서의 사랑에는 반드시 거리의 문제가 따른다.

프롬(E. Fromm, 1900~1980)은 『사랑의 기술』에서 사랑을 '하게 되는' 최초의 경험과 사랑하고 '있는', 혹은 좀 더 분명하게 말한다면 사랑에 '머물러' 있는 상태를 구별한다. 프롬은 '사랑을 하게 되는 순간'에 대하여 이렇게 말한다. "두 사람이 갑자기 그들 사이의 벽을 허물어 버리고 밀접하게 느끼며 일체(一體)라고 느낄 때, 이러한 합일의 순간은 인생에서 가장 유쾌하고 가장 격앙된 경험 가운데 하나다." 사랑하게 될 때 두 사람 사이의 거리는 아주 좁아진다. 사랑에 빠진 사람들은 물리적이고 신체적인 거리, 정신적이고 감정적인 거리를 최대한 없애려고 한다. 가능한 한 많은 시간을 함께 보내고 상대방에 대해 가능한 한 많은 것을 알고 싶어 한다.

프롬의 견해에 따르면 "그러나 이런 형태의 사랑은 본질적으로 오래 지속될 수 없다. 두 사람이 친숙해질수록 친밀감과 기적적인 면은 점점 줄어들다가 마침내 적대감, 실망감, 권태가 생겨나며 최초의 흥분의 잔재마저도 찾아보기 어렵게 된다." 나와 타인 사이에는 근본적으로 뛰어넘을 수 없는 거리가 있기 때문이다. 나는 그가 아니며, 그도 내가 아니다. 양자 간의 타자성은 그 자체로 존중받을 가치가 있다. 프롬은 성숙한 사랑을 다음과 같이 정의한다.

성숙한 '사랑'은 '자신의 통합성', 곧 개성을 '유지하는 상태에서의 합일'이다. 사랑은 인간에게 능동적인 힘이다. 곧 인간을 동료에게서 분리하는 벽을 허물어버리는 힘, 인간을 타인과 결합하는 힘이다. 사랑은 인간으로 하여금 고립감과 분리감을 극복하게 하면서도 각자에게 각자의 특성을 허용하고 자신의 통합성을 유지시킨다. 사랑에서는 두 존재가 하나가 되면서도 둘로 남아 있다는 역설이 성립한다. (황문수 옮김, 문예출판사, 2013, 38쪽)

프롬은 성숙한 사랑을 위해서는 기술이 필요하다고 역설한다. 사랑은 감정의 문제가 아니라 태도의 문제이며 사랑할 줄 아는 능력의 문제다. 그리고 이 능력을 갖추려면 지식과 노력이 필요하다.

내가 자립할 수 없기 때문에 다른 사람에게 집착한다면, 그 또는 그녀는 생명을 구조하는 자일 수는 있지만 그 관계는 사랑의 관계가 아니다. 역설적으로 말하면 홀로 있을 수 있는 능력은 사랑할 수 있는 능력의 조건이 된다. (153쪽)

이렇게 볼 때 나와 타자 사이의 거리는 궁극적으로 '뛰어넘을 수 없다'는 점에서 부정적이면서도 다른 한편으로는 '각자의 타자성을 유지함으로써 사랑에 머물게 하는' 긍정적인 의미를 지닌다. 아무리 서로 접근해도 같아질 수 없다는 점에서 안타까운 비극적 요소를 띠지만, 근접해도 결국은 같아질 수 없기 때문에 각자의 개별성을 보존할 수 있고 서로 자유롭게 숨 쉴 수 있는 공간이 확보된다는 점에서 긍정적인 측면을 지닌다.

일정한 거리는 사랑의 지속을 위해 불가결하다. 거리는 사랑 감정의 존속을 위한 긴장을 유지시키고 상대방에 대한 인격적인 존중을 지속시키는 데 필수 요소다. 가깝다는 이유로 상대방의 휴대폰을 빼앗아 누구에게서 문자가 왔는지, 누구랑 통화했는지 등을 확인하는 일은 부당하다. 만일 그런 일이 발생한다면, 그런 사랑은 오래가지 못한다.

/

소설가 최인훈의 표현을 빌리면, 모든 개인에게는 타인과 공유하는 '광장'의 생활이 있고, 다른 한편으로 자기만의 세계를 보존하고자 하는 '밀실'의 생활이 있다. 광장의 언어와 마찬가지로 밀실의 언어도 존중되어야 한다. 밀실의 언어를 본인 스스로 공개하지 않는데도 이를 강압적으로 열어 보거나 상대방이 모르게 염탐하는 일은 신뢰를 저버리는 일일 뿐만 아니라 사적인 영역을 무단 침입하는 폭력일 수 있다. '우리는 서로 사랑한다'는 사실이 '그러므로 우리는 서로에게 감추는 게 있어서는 안 된다'로 이행할 수 없다.

논리적으로 볼 때 사랑이란 자발적인 공유는 함축하나 비자발적인 공유는 함축하지 않는다. 상대방의 밀실에 대한 지나친 간섭과 개입은 사랑을 빙자한 강압이다. 자발적인 공유라 할지라도 밀실의 언어를 남겨 놓지 않는 것은 서로의 경계를 허물어 급기야는 '너=나'라는 공식을 성립시켜 더 이상 '너'가 필요 없어지는 상태에 이르고 만다. 이는 사랑의 종착역을 의미한다.

8장

나를 위한
시간 챙기기

삶은 시간 안에서 진행된다. 다른 생명체와 마찬가지로 나의 삶도 시간 안에서 다양한 모습을 띠고 전개된다. 특히 인간은 의식적이고 자율적인 사유가 동반하므로 인간의 활동은 다른 생명체에 비할 바 없이 복잡하다. 개인의 자율과 의지가 제각각 작동하는 사회라는 그물망은 그 자체로 시간적 성격을 띠고 있어서 초시간적 원리나 이론으로 깔끔하게 설명하기 어렵다. 시간적 삶은 초시간적 이론에 선행하는 것처럼 보인다. 그런데도 철학을 비롯한 여타 학문은 시간을 고려하지 않은 채 다양한 방식으로 삶에 대해 설명한다.

모든 학문이 지향하는 지식과 이론은 회색빛이다. 지식과 이론은 그 자체로는 무색무취여서 '살아 있는 삶'을 담아내는 데에는 항상 한계가 따른다. '살아 있는 삶'을 '죽어 있는 지식'으로 덮어씌우는 건 어리석고 우울한 일이다. 괴테의『파우스트』에서 파우스트 박사는 철학, 법학, 의학 심지어는 신학까지도 온갖 노력을 다 기울여 철저히 공부했건만 전보다 똑똑해지지도 않고 모든 즐거움도 사라져 버렸다고 한탄한다. 학문의 많은 분야를 섭렵하고도 지식이 삶 자체가 지닌 역동성과 다양성을 담아내는 데 역부족이라는 사실을 깨달았기 때문이다. 지식은 지식일 뿐 그 자체로 생명의 환희를 담아내지는 못한다. 지식이 빛을 발하기 위해서는 시간 속에서의 경험이 필요하다.

시간의 재발견

철학이 본래 시간적인 것에 관심을 보이지 않았던 이유는 변화하는 것은 진리가 아니라고 생각했기 때문이다. 그래서 시간 속에서도 변하지 않는 보편적인 원리나 존재를 탐구했다. 그 결과 '만물은 흐른다(panta rei)'라는 명제로 유명한 헤라클레이토스보다 존재의 변화를 부정한 파르메니데스가 초기 철학사에서 차지하는 비중이 높았다. 플라톤의 이데아, 데카르트의 코기토 그리고 아리스토텔레스와 칸트의 범주 등은 시간적인 것을 넘어서 있는 존재들이다.

고전 철학이 정점을 이루는 헤겔 철학 이후로 중세와 근대 철학에서 주변적으로만 다루어졌던 시간 개념에 대한 생각이 바뀌기 시작한다. 헤겔이 『정신현상학』에서 정신을 시간 속에서 파악하고『역사 속의 이성』에서 시간적인 세계사를 비시간적인 정신과 연결시키면서 시간의 문제는 다양한 얼굴로 철학적 사고의 영역에 들어서게 되었다. '개념으로 포착한 그의 시대'로서 '철학의 역사'가 곧 철학이라는 헤겔의 주장은 시간적 과정을 포함하지 않는 어떠한 실체도 진리가 아니라는 사실을 함축한다. 경험적 시간은 이제 철학의 보편 개념을 서술하는 데 불가결한 요소가 되었다.

사태를 인식하는 핵심 변수로 시간을 고려해야 한다는 생각은 철학적 사유에 '과정'이라는 개념이 필수라는 사실을 넘어서 어떤 텍스트를 이해하는 데 시간적 혹은 시대적 맥락(context)을 고려해야 한다는 주장으로 이어진다. 예를 들어 일군의 지식이나 문학·예술 작품을 이해하기 위해서는 시대적 배경을 이해하는 일이 반드시 필요하다는 입장이다. 탁월한 지식이나 훌륭한 문학·예술 작품이 개인의 천재성에서 기인한 것만은 아니어서, 그러한 지적 혹은 문예적 산물은 개인이 살던 시대의 정치·경제·문화적 특성과 어떤 식으로든 연관되어 있다는 것이다. 그래서 어떤 종류의 텍스트든 그 텍스트를 연구하고자 할 때는 반드시 그 텍스트가 출현한 시대적 컨텍스트를 이해해야만 한다는 것이다. 최초의 추상 화가로 일컬어지는 칸딘스키(W. Kandinsky, 1866~1944)가『예술에서의 정신적인 것에 대하여』라는 책의 서문에서 '모든 예술 작품은 그 시대의 아들이며 감정의 어머니'라고 지적한 것도 이런 생각을 반영한다. 창의성과 개별성이 생명인 예술의 창작 활동도 시대의 특성과 요구에서 자유롭지 않다는 말이다.

멈출 수 없는 시간들

시간의 영향력을 일상적인 경험의 차원에서 생각할 때 내 삶과 시간의 관계에서 가장 먼저 다가오는 사실은 시간이 나를 기다려 주지 않는다는 점이다. 시간적인 여유를 가지고 내게 닥친 문제를 차분히 생각하고 해결하려 해도 시간은 나를 기다리지 않고 가차 없이 흘러가 버린다. 밖의 시간은 나의 의지와 욕구에 부응해 흐르지 않는다.

세상일은 나의 시간 계획에 맞춰서 진행되지 않는다. '타이밍'은 그래서 중요하고 무섭다. 개인과 사회는 각자의 스케줄에 따라 움직이려 한다. 라이프니츠의 모나드처럼 개체들이 서로의 운동 스케줄을 미리 알고 있어서 충돌하지 않고 조화롭게 소통하고 관계한다면 아무런 문제가 생기지 않는다. 하지만 모나드의 조화로운 운행은 형이상학적 에너지의 차원에서는 타당할 수 있으나 사회 안의 개인은 모나드가 아니어서 개인 간 관계를 설명하는 데까지 원용될 수는 없다.

현실(reality)의 타이밍은 허구(fiction)인 영화나 드라마의 타이밍과 다르다. 영화나 드라마의 인물들은 각본을 쓴 작가가 자의적으로 만든 시간에 따라 움직이기 때문에 꼭 필요한 순간 때맞춰 등장한다. 하지만 현실의 개인은 서로 약속을 하지 않은 이상 각자의 스케줄에 따라 움직이며, 그 결과 나의 스케줄은 흔히 다른 사람들의 스케줄과 어긋난다. 타인은 나의 스케줄에 맞추어 움직이지 않는다. 이 사실은 내가 머물고 싶은 순간에 타인이 멈춰서 주지 않는다는 사실을 의미해 삶에서 중대한 문제를 야기한다. 내가 충분한 시간을 할애할 의향이 있어도 타인의 시간은 나를 기다리지 않는다. 사람뿐만 아니라 자연의 시간도 나를 기다리지 않는다. 아름다운 석양은 오래 보고 싶어도 이내 자취를 감추고 만다. 낯선 타인과의 시간 그리고 인간과 자연의 시간은 서로의 의도를 알릴 수 없고 또 알 수 없는 한에서 '공유(共有)의 연기 혹은 지속'이 불가능하다.

시인이자 소설가인 프루스트(M. Proust, 1871~1922)의 『잃어버린 시간을 찾아서』는 제목이 시사하는 바와 같이 멈출 수 없었던 시간, 잃어버린 시간을 되찾는 과정을 그린 소설이다. 소설은 화자(話者)인 '나'가 어느 날 마들렌 과자를 홍차에 적셔 먹다가 문득 어린 시절을 회상하는 장면으로 시작되어 이렇다 할 만한 사건 없이 지루하고 잔잔하게 진행된다. 7부작으로 구성된 이 책의 2부 「꽃피는 아가씨들의 그늘에서」에는 주인공이 무척 좋아하는 성악가 라베르마의 노래를 극장에서

들으며 시간을 멈추고 싶어도 멈출 수 없음을 안타까워하는
부분이 나온다.

> 나는 이 예술가의 입에서 나오는 음조 하나하나를……내 앞에 오
> 랫동안 멈추게 하며, 움직이지 못하게 하고 싶었다.……강한 나
> 의 주의력 덕분으로 마치 내게 오랜 시간이 주어져 있는 때처럼
> 한껏 깊게 그 밑바닥을 규명해 들어가려고 애썼다. 그러나 이 지
> 속시간은 얼마나 짧은 사이였는지! 어느 하나의 음이 내 귀에 받
> 아들여졌거니 생각이 들자마자 이미 그것은 다음 음으로 바뀌
> 고 있었다. (3권, 「꽃피는 아가씨들 그늘에서 1」, 김창석 옮김, 국일미디어,
> 2002, 32~33쪽)

그녀가 부르는 노래의 아름다움을 깊이 연구할 수 있게 1
초라도 놓치지 않고, 마치 자기한테 오랜 시간이 주어진 것처
럼 소리의 밑바닥을 음미하고 탐구하고 싶었지만, 자신의 뜻
과 달리 움직이는 시간을 아쉬워하는 장면이다.

프루스트는 『잃어버린 시간을 찾아서』에서 글자 그대로 '잃
어버린 시간'을 '찾고자' 한다. 그는 자신의 어린 시절 머물고
싶었던 시간으로 되돌아가 그 시간을 펼쳐 놓기 시작한다. 자
신이 실제로 살았던 시간은 이미 지나갔지만 그 '시간'은 작가
로서 책을 쓰는 순간부터는 그의 것이 된다. 이제는 자신이

머물고 싶은 순간에 충분히 머물 수 있다. 실제의 시간은 글의 시간 속에서 재구성되어 작가 마음대로 늘이거나 줄일 수 있게 된다. '놓치고 싶지 않았던 순간들'이 작가의 시간의식 속에서 새롭게 태어난다. 작가는 '그 순간'에 피어나는 무수한 상념들에 충분히 머물 수 있게 된다.

작가는 이제야 자신의 삶을 제대로 살 수 있게 된다. 글쓰기를 통해 멈출 수 없는 시간에 머무름으로써 '비로소' 자기의 삶을 살기 시작한다. 뒤집어 말하면, 작가의 '지나간 시간'은 그에게 '진정한 삶의 시간'이 아니었다. 실제의 시간에서 그는 살지 못했다. 『잃어버린 시간을 찾아서』를 통해 그는 '진실로 살고 싶은 삶'을 살게 된 것이다. 소설은 프루스트의 체험과 허구가 뒤섞인 결과물이지만 작가는 글쓰기를 통해 '차후적으로' 자신이 머물고 싶었던 순간에 충분한 시간을 두고 머물면서 자신의 지식과 상상력을 활용해 개인의 심리와 당시 사회의 문화적 성과를 작품 안에 고스란히 담는다. 프루스트에게 '기억'은 단순한 회상이 아니라 '자신의 삶'을 되찾아 살리는 의식적 장치였다.

나는 일상생활에서 머물고 싶은 순간이나 시간에 충분히 멈출 수가 없다. 시간은 내 의지와 무관하게 흘러가 버리기 때문이다. 그렇다고 해서 흘러가 버린 시간을 내가 잃어버리는 것은 아니다. 어떤 사건이 나에게 어떤 의미를 지니는지

프루스트의 경우처럼 얼마든지 차후적으로 재구성해 재정립할 수 있다. 머물고 싶었지만 멈출 수 없었던 시간을 기억과 반성을 통해 재음미함으로써 내 삶의 의미에 새롭게 연결할 수 있다.

시간은 의식이다

『잃어버린 시간을 찾아서』는 '의식의 흐름 기법'으로 시간을 의식과의 관계 속에서 조명해 20세기 문학의 새로운 장을 열었다는 평가를 받는다. 철학사에서 시간을 의식의 차원에서 파악한 최초의 인물은 칸트다. 그는 『순수이성비판』의 「시간에 대하여」를 다음과 같이 시작한다.

> 시간은 어떤 경험에서 도출된 경험 개념이 아니다. 왜냐하면 시간의 표상이 선천적으로 바탕에 있지 않으면 '동시적으로 존재한다' 혹은 '순차적으로 발생한다'는 사태 자체가 지각될 수 없기 때문이다. 시간이 전제될 때에만 어떤 것들이 동일한 시간에 혹은 상이한 시간에 존재한다는 것을 떠올릴 수 있다. (최재희 옮김, 박영사, 1977, 81쪽)

칸트에 따르면 시간은 경험에서 오지 않는다. 외부에서 발생한 변화를 보고 그 안에서 시간을 발견하는 것이 아니다.

변화를 변화로서 지각하기 위해서는 변화, 즉 위치의 이동이나 어떤 것의 순차적 운동을 파악할 수 있는 조건이 전제되어야 하는데 이 조건이 곧 시간이다. 그런 한에서 칸트에게 시간은 선천적으로 주어진 직관형식이다. 시간이라는 직관형식이 없으면 우리는 '동시(同時)적'이거나 '계기(繼起)적'인 것을 지각할 수 없다.

칸트의 시간 개념은 획기적이다. 시간은 그에게 주관적이지 객관적인 것이 아니다. 시간은 주관과 무관하게 독자적으로 흘러가는 실체가 아니다. 칸트는 말한다.

> 시간은 독자적으로 존립하거나 사물들의 객관적인 속성이 아니다. 따라서 사물을 직관하는 모든 주관적인 조건을 없앨 때에도 남아 있는 그런 것이 아니다. 왜냐하면 시간이 독자적으로 존립할 경우 현실의 대상이 없는데도 어떤 것이 현실에서 존재하게 되는 부조리가 생기기 때문이다. (83쪽)

주관이 시간이라는 직관형식을 지니고 있지 않으면 대상을 지각할 수 없다. 시간은 '나(Ich)'가 대상을 수용하기 위해 불가피하게 갖추어야 할 선천적인 조건이다. 그래서 시간은 경험에서 비롯하지 않고 순전히 우리 의식에서 찾아져야 한다. 그런 한에서 시간 자체는 변화하지 않으며, 시간을 통해 지각되는 것들만 변화한다. 시간은 객관적인 내용이 아니라 주관적인 '형식'이기 때문이다.

시간이 객관을 지각하기 위한 주관적 조건 혹은 형식이라고 본 칸트의 시간관은 후설(E. Husserl, 1859~1938)에게 계승된다. 그는 『시간의식』이란 책에서 칸트의 시간을 더욱 분석적으로 이해한다. 그에게 시간은 곧 '시간의식'이다. 후설에게는 지각도 의식에 속하므로 예를 들어 무언가를 본다고 할 때, 지각은 다음과 같은 시간적인 성격을 띠고 대상을 의식, 지향한다.

> 지각은 시점적인 '지금'만을 시선 속에 갖고, 이러한 시선으로부터 '방금 전에 존재했던 것'을 잊어버리고, 방금 전에 존재했던 것이라는 독특한 방식으로 어쨌든 '여전히 의식'하고 있을 뿐만 아니라, 지각이 '지금'으로부터 (새로운) '지금'으로 이행하고, 예견(豫見)적으로 그 '지금'을 향해 마주 나아간다는 사실은 지각의 본질에 속한다. (이종훈 옮김, 한길사, 1996, 203쪽)

후설의 설명에서 '존재했던 것'이라는 과거와 '예견적'이라는 미래가 지금이라는 현재 안에 종합적으로 들어온다는 사실이 중요하다. 후설의 용어를 빌리면, 과거지향성은 파지(把持, Retention)이고, 미래지향성은 예지(豫持, Protention)인데,

무언가를 지각한다는 것은 곧 현재 안에서 과거를 기억하는 동시에 미래를 기대하는 이중적인 시간의식이 작용한다는 뜻이다. 지각의 객체는 주관적 시간 속에서 나타난다. 이러한 생각은 후설이 의식이란 항상 '무엇에 대한 의식'이라고 말하면서 의식의 지향성을 강조한 것과 관련되어 있다. 시간이란 현재 내가 지각하고 있는 것에 더하여 '이미 지나간 것에 대한 기억'과 '아직 오지 않은 것에 대한 기대'가 동시적으로 작용하는 데에서 성립한다. 현재의 의식이 한편으로 과거로 향하고 있는 의식을 붙잡고(파지) 다른 한편으로 미래로 향하는 의식을 붙잡는(예지) 데에서 의식의 지각(知覺) 작용이 성립한다.

물리적 측면에서 시간은 과거와 현재 그리고 미래라고 하는 직선적 사태로 이해된다. 그런데 나의 의식에 나타나는 시간의 측면에서 보면, 과거와 미래가 현재에 이미 들어와 있다. 과거의 기억은 아직 오지 않은 미래와의 관계 속에서 나타나며, 미래도 물리적으로는 아직 오지 않았지만 그것을 포착하는 나의 의식에 의존하기 때문에 그것은 과거와 현재에 의해서 재구성된다. 결국 시간은 내 의식에서 독립해 독자적으로 주어져 있는 객체가 아니라 의식과 관계 속에서만 의미가 있는 현상학적 사태라는 것이다.

후설의 제자 하이데거는 후설의 현상학을 인간 실존에 대한 이해의 영역으로 끌어들인다. 그는 『존재와 시간』에서 '인간'을 '현존재(Dasein)'로 표현해 '일정한 시공간 안에서 형태를 부여받아 존재하는 자'로 이해한다. 하이데거가 인간을 '던져진 존재(ein geworfenes Sein)'로 규정할 때 거기에는 '현존재'라는 의미가 포함되어 있는 셈이다. 접두사 '현(da)'은 시공간적인 울타리를 의미해 현존재는 인간이 처한 필연적 굴레를 함축한다. 독일어의 'da'는 통상적으로 '거기'라는 뜻이지만 '이르다(到)'라는 '시간적 마감'의 의미도 있어서 현존재는 특정한 공간뿐만 아니라 시간 속에 던져져 있는 존재를 뜻한다. 시간 속에 있지 않은 인간은 없다. 내가 시간 속에 있다는 것은 후설에게서처럼 내가 현재라는 시간 속에 던져지면서 나의 과거를 현재 안으로 끌어들이고 또 미래를 향해 자기를 던지는 [企投] 양면적인 활동을 내가 전개한다는 의미다.

　하이데거가 실존으로서의 인간에게서 주목했던 점은 후설이 강조했던 과거지향의 측면보다는 미래지향의 측면이다. 현존재로서의 인간을 이해하기 위해서는 인간이 미래를 향해 자기의 가능성을 던지는 존재라는 사실이 중요하다. 이러한 미래의 관점에서 인간에게는 가능성 혹은 역사의 지평이 열린다. 현재의 내가 이대로 지속할 경우 미래에 나는 어떻게 될 것인지를 미리 고려해 이를 현재로 끌어들인다. 미래의 나는 현재의 거울인 셈이다. 이렇게 현존재로서의 나에 대한 이해는 시간 경험을 전제하지 않고서는 성립하지 않는다. 그래서 하이데거는 인간을 '죽음을 향해 있는 존재(Dasein zum Tode)'라고 말한다. 인간이 살아서 하는 행위에는 앞으로 언젠가 다가올 자기의 죽음에 대한 걱정 혹은 염려, 다시 말해 인간의 유한성에 대한 통찰이 깃들어 있다. 삶의 유한성에 대한 의식은 살아 있는 동안에 지속해서 의식에 영향을 끼친다. 언젠가는 죽는다는 사실이 현재 나의 의식과 행위에 다양한 방식으로 영향을 미친다. 인간의 의식과 존재는 시간이라는 덫에서 벗어날 수 없다.

시간과 우연

시간을 의식의 지평에서 파악할 경우 삶은 철저히 주관적 지각과 판단에 의존해 내가 시간의 주인으로 살 가능성이 열리는 것처럼 보인다. 하지만 시간을 존재의 지평으로 확장할 경우 나는 시간적인 존재에 갇혀 나의 시간의식이 전적으로 주관적일 수만은 없게 된다. 여기서 밖의 존재에 의해 내 삶이 좌지우지되는 경우가 발생한다. 이와 관련해 마르크바르트(O. Marquard, 1928~2015)는 「우연성의 변론(Apologie des Zufälligen)」이라는 논문에서 시간적 우연의 문제를 다룬다. 시간 속에서 우연히 주어지는 사태 앞에서 인간은 늘 계획적이고 선택적으로 살기 어렵다. 타자적인 시간이 무차별적으로 삶에 침투할 때 나는 삶을 의지적이고 필연적으로 살지 못한다. 내 의지와 계획과 선택은 외부의 우연적 시간에 의해 끊임없이 제동이 걸리고 방향 전환을 요구받기 일쑤다. 그리하여 밖에서 밀려오는 타자적 우연이 결국 내 삶을 유지하고 추동시키는 힘이 된다.

마르크바르트에 따르면 "하나의 역사는 우연적인 그 무엇, 운명적인 것에 침투해 들어오는 하나의 선택이다." 그는 다시 이렇게 덧붙인다. "우리는 운명적인 우연에 의해 출생하고 죽음을 선고받은 존재들이다. 다시 말해 우연히 이미 존재하고 있는 것으로부터 우리가 자의적으로 도망칠 수 있는 시간을 허용하지 않는 짧은 시간을 선고받은 것이다." 삶은 짧다. '짧은 삶(vita brevis)'에서 나는 통상적으로 주어지는 우연들과 마주칠 수밖에 없다. '통상적인 것'은 내가 만들거나 선택하기 전에 나에게 이미 주어져 있는 전통이나 습관 그리고 타인들의 시간이다. 나는 불가피하게 그것들에 속하여 그것들의 성질이나 활동에 나의 사고와 욕구를 맡겨야 한다. 이러한 우연의 힘들을 나는 거부하거나 변경할 수 없으며 오히려 그 안에서 정체성을 찾기 위해 부유(浮游)해야 한다. 나의 자유로운 선택과 자율적인 결단은 나를 둘러싼 숱한 우연들 앞에서 무력해지기 일쑤이다.

일상에서는 '네가 원하는 삶을 살아라', '네가 무언가를 진실로 원하면 이루어진다', '너의 길은 네가 찾아라' 등 나에게 선택적이고 희망적인 말들을 던지지만, 실제에서 내가 갈 수 있는 길은 지극히 제한되어 있고 또 '나의 계획'은 밖의 우연적 요소에 의해 방해받음으로써 수포가 되거나 계획을 변경해야 하는 경우가 종종 발생한다. 나의 의지와 계획은 '나'에게서 비롯한 것으로서 그것은 '내 주위의 모든 것이 내 뜻대로 움직인다면'이라는 가정을 내포하고 있다. 그런데 마르크바르트의 '우연의 통상성'을 고려하면 나의 계획은 항상 '어긋남'이라는 현상을 전제해야만 한다. 섣불리 나의 미래를 긍정적으로 생각할 수 없는 것이다. 우연이 복병(伏兵)으로 항상 내 주위를 서성거리고 있는데도, 나는 이를 계획 안에 충분히 살필 수 없기 때문이다.

여기서 마르크바르트가 '인간적인 것'과 '비인간적인 것'을 구별한 점은 의미가 있다. 인간적인 것은 나의 사고와 의지와 욕구의 산물로서 허구이다. 이에 반해 비인간적인 것은 나의 의지로 만든 것이 아닌, 밖에서 작동하는 우연적인 것을 뜻한다. 나는 인간이 만들어 낸 허구를 실재(reality)로 착각해서는 안 된다. 실재는 인간이 의도적으로 형성한 성과들로만 구성되지 않고 의도하지 않은 결과들도 함께 있다는 점에서 '비인간적인 것'이며, 실재가 인간의 의도 밖의 것을 포함하고 있는 그물망인 한에서 내가 짜고 있는 그물코가 그 그물망에 적합하리라고는 누구도 예단할 수 없다. 인간이 의도하지 않은 결과물들이 이미 나의 사고와 행위 주변에 포진하고 있어서 나의 시간 계획에 개입할 가능성은 항상 열려 있다. 내 삶의 시간에 비인간적인 것의 시간이 침투할 때 삶은 방향을 잃고 허둥댈 수 있고, 그리하여 '내 삶'이 아니라 '타인의 삶'에 장단 맞추며 살기 쉽다.

카이로스의 시간

마르크바르트는 삶에서 '우연'이라는 변수를 고려해 내가 계획에 따라 나의 길을 가기에는 주어진 삶의 시간이 너무 짧다고 말한다. 내가 의도하지 않는 다양한 우연적 요소들이 삶 속에 침투하면서 나는 나의 길을 올곧게 갈 수 없을뿐더러 멈춰서 나의 문제를 차분히 생각할 시간적 여유조차 갖기 어렵다는 것이다. 하지만 삶의 시간은 자연적인 길이가 아니라 의미의 깊이에 따라 평가되어야 한다. 문제는 크로노스적인 시간이 아니라 카이로스적인 시간을 사는 일이다.

시간의 신 크로노스(Chronos)는 자연의 시간을 주관하는 데 반해, 기회의 신으로 불리는 카이로스(Kairos)는 의미의 시간을 주관한다. 기회의 신인 카이로스는 자신에게 다가온 기회를 쏜살같이 낚아채는 능력을 지닌 데에서 붙여진 이름으로 여기서 '기회'란 곧 '자신에게 의미 있는 것'을 뜻한다. 카이로스의 시간은 의미와는 무관하게 자연적으로 흘러가는 크로노스의 시간과 구별된다.

  카이로스의 시간은 주어진 대상 혹은 사태에 내가 부여하는 의미의 시간이다. 이 시간은 내 의지와는 무관하게 밖에서 흘러가는 시간과는 질적으로 다르다. 인간의 삶은 물리적으로는 크로노스의 시간에 지배받지만 의미상으로는 카이로스의 시간에 따른다. 시간을 카이로스의 차원에서 파악하면, 시간의 양이 아니라 질, 시간의 넓이가 아니라 깊이 그리고 시간의 경과보다는 시간의 정지에 관심을 두지 않을 수 없다. 카이로스의 시간은 그런 의미에서 인간적인 시간이다. 인간이 부여하고 생산할 수 있는 시간이다.

  인간이 인간인 이유는 여러 측면에서 말할 수 있지만, 시간과 관련해 설명한다면 인간은 '시간적인 것'을 '시간적이지 않은 것'으로 보는 위대한 능력이 있다. 물리적인 시간에서는 '순간'이 의미의 시간에서는 '영원'이 될 수도 있다. 『논어(論語)』「이인(里仁)」편에 "조문도 석사가의(朝聞道 夕死可矣)"라는 말이 나온다. 아침에 도를 들어 깨달으면 저녁에 죽어도 괜찮다는 말이다. 진리에 대한 열정을 강조한 말이지만 다른 한편으로는 도를 깨달은 순간 삶의 의미가 온전하게 채워졌으니 저녁에 죽어 자연적인 삶의 시간이 끝난다 해도 의미의 시간에서는 일생을 충분히 산 것과 마찬가지라는 뜻이다.

  카이로스의 시간에서는 인간인 내가 시간의 주체다. 내가 대상에 의미를 부여하는 순간 대상이 시간을 갖게 된다. 내가 시간의 창조자다. 내가 시간을 어떻게 보느냐에 따라 시간의 의미가 달라진다. 따라서 '의미'라는 변수를 고려하면 삶의 시간에 대해 '짧다', '길다'를 말하는 것은 어불성설이다. 유대인 경전 『탈무드』에 따르면 삶에서 중요한 것은 '속도'가 아니라 '방향'이라 하지 않던가?

삶을 자연적인 시간의 문제로 볼 경우 삶은 질이 아니라 양 (量)으로 환산되어 어떤 시점에 어느 정도의 양에 도달되어야 할 것으로 제시된다. 어느 정도의 나이에는 어느 정도의 지위 혹은 연봉에 도달해 있어야 할 것 같은 생각은 삶을 물리적인 시간에 맞추는 일이다. 내가 이루어야 할 것은 외부의 시간 순서에 의해 규정된다. 그래서 속도가 중요해진다. 마르크바 르트가 지적했듯이, 나에게 주어진 시간은 지극히 짧아 삶이 바쁠 수밖에 없다.

시간의 잣대를 외부가 아니라 내부, 즉 '나'에게서 찾을 경우 남들이 얼마나 빨리 가고 있는가에 신경 쓸 필요가 없다. 그들이 가려고 하는 곳은 내가 가고 싶은 곳과 다를 수도 있고 설령 그렇지 않다 하더라도 나에게는 빨리 도착하는 것이 목표가 아니라 가는 동안 무엇을 경험하느냐가 중요하다. 나는 나의 템포대로 간다. 그럼으로써 내 삶을 나에게 의미 있는 것으로 가꾸고 제대로 향유할 수 있게 된다.

이와 관련해서 노벨 문학상 수상 작가인 뵐(H. Böll, 1917~ 1985)이 쓴 짤막한 이야기 「노동의식의 저하를 위한 일화 (Anekdote zur Senkung der Arbeitsmoral)」는 음미해 볼 만하다. 이 이야기는 뵐이 1963년 노동절(5월 1일)을 맞아 북독일 라디오 방송국(der Norddeutsche Rundfunk)의 청탁을 받고 쓴 방송용 원고로 내용은 다음과 같다. 유럽 서부 해안의 부두에 남루한 차림을 한 남자가 어선 안에서 누워 졸고 있다가 관광객이 카메라 셔터를 누르는 소리에 잠에서 깬다. 관광객이 어부에게 날씨가 좋아 고기가 많이 잡힐 거라면서 왜 고기 잡으러 나가지 않느냐고 묻자 어부는 오전에 벌써 출항했으며 오늘 다시 출항하지 않아도 될 만큼 충분히 잡았다고 말한다. 가난하게 보이는 어부를 안쓰럽게 생각한 관광객은 최대한 여러 차례 출항해서 고기를 많이 잡으면 그의 미래가 얼마나 나아질 것인지 장황하게 그려 보인다. 관광객의 말을 들은 어부가 "그다음엔 어떻게 되죠?"라고 묻자 관광객은 "그다음엔, 선생은 여기 이 항구에 걱정 없이 앉아, 햇볕을 쬐며 졸고 근사한 바다를 바라볼 수 있겠지요"라고 대답한다. 그 말을 들은 어부는 "하지만 나는 지금 벌써 그렇게 하고 있어요. 여기 항구에 걱정 없이 앉아 졸고 있는데 오직 당신의 찰칵 소리만이 그것을 방해했지요"라고 말한다. 세상 물정 모르는 어부를 가르치겠다고 일장 연설을 늘어놓던 관광객은 이제 어부에게 연민이 아니라 약간의 부러움을 느끼면서 그 자리를 떠난다.

시간을 촘촘하게 경험하기

시간을 내가 어떻게 파악하느냐에 따라 시간의 의미와 성질이 달라진다. 여기서 시간을 펼친다는 문제가 중요하게 부각된다. 카이로스적인 의미에서 시간은 그 자체로 고정된 실체가 아니라 나와의 관계에서 주어진다. 나는 시간을 성글게 볼 수도 있고 촘촘하게 볼 수도 있다. 파리를 쉽게 잡지 못하는 이유는 파리의 눈에는 우리의 손동작이 '느리게' 비치기 때문이라고 한다. 인간의 빠른 동작이 파리에게는 왜 느리게 보이는 걸까? 파리의 눈은 우리의 동작이 이루어지는 '시간'을 '펼쳐서' 혹은 '촘촘하게 나누어서' 포착하기 때문이다. 영화에서 종종 현실의 시간을 확장해 짧은 시간에 일어나는 액션을 극적으로 강조하기 위해 사용하는 고속 촬영 기법의 원리도 정상적인 촬영 속도인 초당 24프레임보다 촘촘하게, 초당 48프레임이나 96프레임으로 찍은 장면을 재생해서 화면의 동작이 느리게 보이게 만든 것이다.

시간은 상대적 혹은 관계적이다. 시간은 그 자체로 절대적이고 독립적으로 주어지지 않으며 어떤 사건, 이를테면 물체 간의 관계에서 생겨난다고 아인슈타인은 상대성 이론을 통해 밝혀냈다. 시간은 사물의 활동이 없는데도 독자적으로 존재하는 객관적인 실재가 아니다. 인간 생활에서 시간, 정확히 말하면 시간의식 역시 상대적이다. 시간은 내 활동과 무관하게 밖에서 독자적으로 흘러가지 않는다.

시간 감각의 상대성 혹은 주관성과 관련하여 만은 『마의 산』에서 흥미로운 사실을 서술한다. 주인공 한스 카스토르프는 스위스의 국제 요양원에서 치료 중인 사촌 요하힘 침센을 방문하는데, 도착한 날 한 환자가 한스에게 얼마나 머물 생각이냐고 묻는다. 한스가 자신은 환자가 아니라 방문객이라서 '3주일 정도' 머물 예정이라고 대답하자 그 환자는 놀란 듯 말한다. "오, 신이시여! 3주라니!……여기서는 주라는 시간 단위를 알지 못합니다. 우리의 가장 작은 시간 단위는 달입니다. 우리는 큰 단위로 계산하거든요. 그것이 저승의 특권입니다." 시간이란 구성원들이 속해 있는 공간의 특성에 따라 달라진다는 사실을 보여 주는 대목이다. 주인공이 방문한 '요양원'이라는 공간에서의 시간 단위는 일상 공간에서 사용되는 것과 다르다. 환자들의 생활 리듬은 느리고 체류 기간은 보통 해를 넘기기 때문에 일(日)이나 주(週)는 요양원에서 시간 단위로 별 의미가 없다. 느리게 흘러가는 요양원의 일상은 빠르게 진행되는 세속의 시간과는 다르다.

『마의 산』은 시간과 관련된 내용에 제법 많은 페이지를 할애한다. 폐결핵 환자인 요아힘은 이런 말을 한다.

시간이라는 것은 지켜보고 있으면 아주 천천히 흘러가는 거야. 하루에 네 번 체온을 재는데 나는 이를 무척 좋아해. 그러면 1분이나 또는 7분의 시간이 사실 얼마나 되는 길이인지 잘 알 수 있기 때문이야. 여기에 있다 보면 일주일이라는 7일이 얼마나 후딱 지나가 버리는지 몰라. (홍성광 옮김, 을유문화사, 2014, 130쪽)

시계의 초침을 '지켜보고' 있으면 1분도 꽤 길게 느껴지지만 지켜보지 않으면 금방 지나간다. 시간을 지각하고 있는가 그렇지 않은가 하는 것이 시간 감각의 차이를 빚는 것이다. 시간을 촘촘하게 접하는가 느슨하게 접하는가에 따라 시간 감각에 차이가 나기 때문에 삶의 시간을 길게 경험하고 싶으면 시간을 촘촘하게 느끼는 일에 자주 머물러야 한다.

일상에서 시간을 촘촘하게 체험할 경우 시간이 늦게 간다는 것은 '결과'적인 설명일 뿐 정작 어떤 일을 촘촘하게 경험하다 보면 당시에는 시간이 빨리 지나가는 것처럼 느껴진다. 특히 호기심에 차서 재미있게 어떤 일에 몰두하다 보면 그렇다. 하지만 전체적으로 보면 순간순간에 빠져 지나가는 생활은 그렇지 않은 생활에 비해 훨씬 긴 시간을 산 것처럼 느낀다. 초등학교 시절의 1년이 대학 시절의 1년보다 길게 느껴지는 것은 이러한 연유에서다. 그래서 만은 말한다.

내용이 없고 단조로운 것은 사실 순간과 시간의 흐름을 더디게 하고 '지루하게' 만들지도 모르나, 아주 커다란 시간의 단위일 경우에는 이를 짧게 하고, 심지어는 무(無) 같은 것으로 사라지게 한다. 이와 반대로 내용이 풍부하고 재미있는 경우는 시간과 나날이 짧게 생각되고 홀쩍 지나가는 것처럼 여겨지지만, 시간 단위를 아주 크게 하여 생각해 보면 그럴 경우 시간의 흐름에 폭, 무게 및 부피가 주어진다. 그리하여 사건이 풍부한 세월은,……빈약하고 내용이 없으며 가벼운 세월보다 훨씬 더 천천히 지나간다. (202~203쪽)

시간에도 폭과 무게와 부피가 주어진다는 서술이 흥미롭다. 나의 의식 안에서 시간은 단순히 직선적으로 흘러가지 않는다. 시간에 폭과 무게와 부피를 부여하는 일은 순전히 내가 주어진 시간을 얼마나 촘촘하게 경험하느냐에 달려 있다.

주어진 시간을 촘촘하게 경험한다는 말은 그 시간에 새로운 것을 많이 경험한다는 뜻이다. 새로운 것은 주어진 시간의 매 순간을 의식하게 함으로써 시간을 촘촘하게 채우지만 익숙한 것은 그렇지 않기 때문이다. 『마의 산』에서 작가는 시간 체험의 상대성에 대해 다음과 같이 서술한다.

매일 똑같은 나날이 계속된다면……아무리 긴 일생이라도 아주 짧은 것으로 체험되고, 부지불식간에 흘러가 버린 것처럼 된다. 익숙해진다는 것은 시간 감각이 잠들어 버리거나 또는 희미해지는 것이다. 젊은 시절이 천천히 지나가는 것으로 체험되고, 나중의 세월은 점점 더 빨리 지나가고 속절없이 흘러간다면, 이런 현상도 익숙해지는 것에 기인한다. (203쪽)

삶의 시간을 길게 살고 싶다면 새로운 것을 발견하는 일에 집중해야 한다. 세상을 재는 '잣대'가 일정한 방향으로 굳어져 자신에게 편리하고 익숙한 잣대로 세상을 잰다면 새로운 것이 들어설 여지가 없어진다. 세상일에 대해 충분히 알 만큼 안다고 생각해 모든 일을 '익숙한 것'으로 경험할 경우 세상은 더 이상 새로운 것으로 나타나지 않는다. 그래서 만은 이렇게 지적한다.

다른 생활에 새로이 적응하는 것이 우리의 삶을 유지하고, 우리의 시간 감각을 새롭게 하며, 우리의 시간 체험을 갱신하고 강화하며 더디게 하여 이로써 우리의 생활 감정을 새롭게 하는 유일한 방법임을 우리는 알고 있다. (203쪽)

자연적인 시간은 직선적으로 흘러간다. 연속선상에 놓여 있기 때문에 끊을 수 없다. 하지만 시간을 의미의 차원에서 생각하면 얘기가 달라진다. 내 삶의 중요한 시기를 구분해 각각에 서로 다른 의미를 부여할 수 있기 때문이다. 그런데 문제는 현실적으로 내가 항상 '현재'만을 살고 있다는 사실이다. 현실에서 나는 항상 '현재'에 붙박여 있다. 나는 오직 현재하고만 만나고 있다. 이러한 '현재의 나'가 문제를 일으킨다. '현재의 나'는 지난 과거와 다가올 미래를 현재의 관점에서 재구성하려는 성향을 지닌다. 일종의 현재 환원주의다.

나의 현재를 바탕으로 과거를 평가하고 미래를 진단할 경우 전자는 사후(事後) 정당화에 빠지고 후자는 사전(事前) 정당화의 오류를 범하게 된다. 전자는 현재 드러난 결과를 보고 과거의 생각과 행동을 거슬러 설명하는 태도이며, 후자는 현재의 상태를 진단해 미래의 결과를 예측하는 태도다. 어느 경우든 현재를 기점으로 과거와 미래를 연속선상에서 측정하려 한다. 여기서 미래보다는 과거에 대한 평가에 더 주목할 필요가 있다. 판단이란 기본적으로 과거가 현재 안으로 들어오는 양상, 즉 '기억'에 의해 크게 좌우되는데 과거에 대한 기억이 현재를 기준으로 재구성되기 때문이다.

이러한 사태는 나에 대한 평가에 국한되지 않고 타인에 대한 평가에까지 확대된다. 예를 들어 예전에는 좋은 사이였던 친구와 지금은 사이가 좋지 않아졌다고 할 때, 현재의 상태를 기준으로 과거의 상태를 평가하는 일이 생길 수 있다. 지금의 결과를 보고 '그는 역시 좋은 친구가 아니었어!'라든지 '그 당시 그가 했던 말을 돌이켜 생각해 보면, 내가 간과했을 뿐 그 말 속에는 이미 그 친구와 사이가 벌어질 수밖에 없는 원인이 내포되어 있었던 거야!' 하고 생각할 수 있다. 이는 현재로의 환원주의, 즉 과거의 사태를 현재의 결과로 덮어씌우는 태도다. 현재는 현재고 과거는 과거다. 과거에 좋았던 시절은 그 자체로 인정하고 존중해야 한다. 현재가 좋지 않다고 해서 이를 바탕으로 과거까지 좋지 않았던 것으로 평가할 수 없다.

삶의 시간을 분절(分節)적으로 판단하는 태도가 필요하다. 내 삶의 시간을 고유의 의미대로 나누어 생각해야 한다. 현재의 의미를 과거에 덧씌우거나 미래에 투영(投影)할 수 없다. 이와 관련해 불교의 가르침 '상(相)을 짓지 말라'는 말은 음미해 볼 만하다. '상'은 인식 주관에 형성된, 대상에 대한 차별이나 특징이다. 의식에 떠오르는 대상의 상태나 특성, 인식 주관이 대상에 부여한 가치나 감정이다. 상을 짓지 말라는 말은 앞의 사태가 뒤의 사태에 그림자를 드리우게 하지 말라는 뜻이다. 앞서 경험한 사태에 상을 지어 그것에 집착하거나 지배되면 다음에 오는 사태를 그 자체로 볼 수 없다. 각각의 사태는 독립적인 의미체로서 그 자체로 존중되어야 한다.

인간의 의식은 시간의 흐름 속에서 자연스럽게 앞의 것과 뒤의 것을 연결하려는 성향이 있다. 후설이 인간에게는 현재 안에서 과거를 기억하는 동시에 미래를 기대하는 이중적인 시간의식이 작용한다고 지적한 것도 이러한 맥락에서다. 하지만 이는 어디까지나 비의지적인 차원에서 발생하는 일이고, 인간 정신의 의지적인 영역에서는 의식적 노력을 통해 극복할 수 있는 문제다. 사태를 물리적 시간의 연장선상에서가 아니라 각각 독립적으로 파악하려는 자세가 요구된다. 시간의 연결 고리를 끊고 그것은 그것이고 이것은 이것이라고 볼 수 있어야 한다. 이러한 불연속적인 생각을 통해서만 나는 '새로운 나'로 거듭날 수 있다. 미래의 내가 현재 나의 연장선상에 있다면 미래의 나는 현재의 나와 조금도 다르지 않을 것이기 때문이다. 이렇게 볼 때 시간을 나누어 생각하는 일은 내가 나에 대해 열려 있게 만든다는 점에서 나의 자유와 혁신의 근간이 된다.

나만의 시간 챙기기

자연적인 시간은 누구에게나 공평하다. 하지만 시간을 어떻게 체험하느냐에 따라 개인마다 시간의 양과 질은 엄청난 차이를 보인다. 앞의 시간은 크로노스의 시간이고 뒤의 시간은 카이로스의 시간이다. 그런데 문제는 자연적인 시간의 절대량이 고정되어 있다는 점이다. 실제로 내가 쓸 수 있는 자연적인 시간의 양이 적다면 아무리 내가 시간을 펼쳐서 촘촘하게 경험하려고 해도 구애를 받지 않을 수 없다. 따라서 '나만의 시간'을 확보하는 일은 무척 중요하다.

내가 '나의 시간'을 확보하기 위해 애쓴다고 해도 주변에는 이를 방해하는 요소들이 적지 않다. 더구나 현대 자본주의 사회에서 시간은 쟁탈전의 대상이 되고 있다. 누가 얼마나 다중(多衆)의 시간을 가져가느냐에 경쟁의 승패가 좌우된다.

> 지금의 자본주의는 인간의 하루 24시간을 누가 더 많이 빼앗느냐 싸움이다. 이 싸움에서 스마트폰은 지난 5년간 '무적(無敵) 무패(無敗)'의 대기록을 이어가고 있다.……애플과 삼성이 만든 스마트폰이 공짜로 우리의 시간을 빼앗아가고 있다. (「'시간 도둑'과의 여름 대결」, 《조선일보》, 2014.07.16.)

'시간 도둑'은 엔데(M. Ende, 1929~1995)의 작품 『모모』에 등장하는 '회색 신사'를 가리킨다. 소비 중심의 문명에 대한 날카로운 성찰을 담고 있다고 평가되는 이 소설에서 주인공 모모는 회색 신사에게 빼앗긴 시간을 되찾아 사람들에게 돌려준다. 회색 신사가 이발사 푸지에게 찾아와 시간을 아껴 써야 한다며 그가 얼마나 시간을 낭비하고 있는지 알려 주는 장면은 회색 신사가 사람들의 시간을 뺏는 교묘한 방법을 잘 보여준다.

회색 신사는 푸지 씨가 하루 24시간을 무엇을 하는 데 보내는지 일일이 따져 물은 후 초 단위로 계산한다. 그리고 그것을 그가 이제까지 살아온 42년의 시간에서 뺀다. 결과는 0이다! 참담한 심정으로 '저것이 지금까지 살아 온 내 인생의 결산표로구나' 하고 생각하는 푸지 씨에게 회색 신사는 이렇게 제안한다.

일을 더 빨리 하시고 불필요한 부분은 모두 생략하세요.……나이 드신 어머니 곁에서 보내는 시간을 절반으로 단축할 수도 있습니다. 가장 좋은 것은 어머니를, 좋지만 값이 싼 양로원에 보내는 것입니다.……무엇보다 노래를 하고, 책을 읽고, 소위 친구들을 만나느라고 귀중한 시간을 낭비하지 마세요. (한미희 옮김, 비룡소, 2006, 91쪽)

푸지 씨는 회색 신사의 충고에 따라 편집증에 걸린 사람처럼 시간을 아끼겠다는 생각에 사로잡힌다. 수많은 사람들이 푸지 씨처럼 '시간은 귀중한 것. 잃어버리지 말라! 시간은 돈과 같다. 그러니 절약하라!'는 글귀에 따라 산다.

하지만 시간을 아끼는 사이에 실제로는 전혀 다른 것을 아끼고 있다는 사실을 눈치챈 사람은 아무도 없는 것 같았다. 아무도 자신의 삶이 점점 빈곤해지고, 획일화되고, 차가워지고 있다는 것을 알아차리지 못했다. (97~98쪽)

소설에서 우리 시간을 뺏어 가는 존재는 '회색 신사'지만 실제에서 시간 도둑은 우리 자신이다. 우리 스스로 시간을 쓸데없는 일에 소모하는 바람에 정작 의미 있는 일에 할애할 시간이 충분하지 않은 경우가 허다하다. 내 일상생활에서 '부질없는 짓'을 솎아 낼 필요가 있다. 이 소설은 무엇을 위해 바쁜지알지 못하면서 바쁘게 살아가는 현대인에게 삶의 에너지를 헛되이 쓰지 말라는 메시지를 전달한다. 빼앗겼던 시간을 돌려받은 사람들의 삶은 이제 완전히 다른 모습이다.

일하러 가는 사람도 창가에 놓인 꽃의 아름다움에 감탄하거나 새에게 모이를 줄 시간이 있었다.……이제 중요한 것은 가능한 한 짧은 시간 내에 가능한 한 많은 일을 하는 것이 아니었다. (359~360쪽)

시간은 저절로 흘러가지 않는다. 내가 무엇인가를 하면서 흘러보내지 않으면 흘러가는 법이 없다. 그러므로 내가 어떤 일로 얼마나 많은 시간을 보내느냐는 곧 그 일이 나에게 어떤 의미를 갖는가를 결정한다. 내가 어떻게 생각하고, 어떻게 움직이느냐에 따라 시간도 같이 간다. 시간은 나와 떨어져 있지 않다. 관건은 내 시간을 '시간 도둑'에게, 무엇보다도 스마트폰처럼 강력하고 유혹적인 시간 도둑에게 뺏기지 않고 어떻게 '나를 위한 시간'으로 확보하느냐다.

이와 관련해 소로(H. D. Thoreau, 1817~1862)는 『월든』에서 하나의 성찰적 기준을 제시한다.

하루를 자연처럼 의도적으로 보내자. 그리하여 호두 껍데기나 모기 날개 따위가 선로 위에 떨어진다 해서 그때마다 탈선하는 일이 없도록 하자. 아침에는 일찍 일어나서 식사를 하든 또는 거르든 차분하게 마음의 평온을 유지하자. 손님이 오든 또는 가든, 종이 울리든, 아이들이 울든, 단호하게 하루를 보내도록 하자. 왜 우리가 무너져 내려 물살에 떠내려가야 하는가?(강승영 옮김, 이레, 2005, 140쪽)

자연은 하루를 허투루 보내지 않는다. 자연은 자신에게 꼭 필요한 것만을 하며 하루를 보낸다. 자연은 자신에게 불필요한 일로 시간을 소모하는 법이 없다. 소로는 자연의 이러한 비소모적인 삶을 본받기를 권한다. 그리하여 소로는 말한다.

"벨이 울린다고 해서 우리는 왜 뛰어야 하는가?" 여기서 '벨'은 나에게 무조건 뛰기를 요구하는 외부의 신호다. 뛰어야 할 이유가 나에게 있는 것이 아니라 벨 소리에 있다. 벨이 울려도 나에게 뛰어야 할 이유가 없다면 뛰지 않을 수 있어야 한다.

소로는 시간을 소중히 생각하고 자기 자신을 위해 사용하라는 뜻에서 다음과 같이 비유적으로 설명한다.

> 시간이란 내가 낚시질하는 강을 흐르는 물에 지나지 않는다. 나는 그 강물을 마신다. 그러나 물을 마실 때 모래 바닥을 보고 이 강이 얼마나 얕은가를 깨닫는다. 시간의 얕은 물은 흘러가 버리지만 영원은 남는다. 나는 더 깊은 물을 들이켜고 싶다. 별들이 조약돌처럼 깔린 하늘의 강에서 낚시를 하고 싶다.……
> 지성(知性)은 식칼과 같다. 그것은 사물의 비밀을 식별하고 헤쳐 들어간다. 나는 필요 이상으로 손을 바쁘게 놀리고 싶지 않다. (141쪽)

흘러가 버리는 얕은 물이 자연적인 시간이라면 그가 들이켜고 싶은 더 깊은 물은 의미의 시간이다.

자연적인 시간 자체를 부정하거나 제거할 수는 없지만 시간을 나에게 의미 있는 시간으로 전환하는 일은 가능하다. 의미의 시간은 시간 밖으로 나올 때 확보된다. 시간에 갇혀 있는 나는 집 안에 있는 나와 마찬가지다. 집 안에서는 커 보였던 것도 집 밖으로 나와 보면 전체 풍경의 일부에 지나지 않는 것처럼 시간 안에서 크게 보였던 문제도 시간 밖에서는 훨씬 작게 보인다. 칸트가 『판단력 비판』의 「숭고」에서 서술하듯이, 인간은 거대한 공포의 대상 앞에서도 이성을 통해 자신을 지탱해 승화시키는 비상한 능력을 지니고 있다. 어떤 무거운 문제도 의미의 시간을 통해 내가 감당할 수 있는 크기로 조정할 수 있다. 시간 밖으로 나와 나를 살피는 일은 내가 시간의 노예가 아니라 주인으로 사는 길이다.

9장

나의 자유를 위한
틀

나는 자유롭게 살기를 원한다. 구속과 강요를 원하지 않는
다. 자유는 내가 지향하는 최상의 가치다. 자유롭게 산다는
것, 남에게 구속받거나 무엇에 얽매이지 않고 자기 뜻에 따라
산다는 것은 나의 꿈이다. 그런데 나는 자유로운가? 자유로
워지고 싶다고 해서 자유로울 수 있는 것인가? 나는 실제로는
자유롭지 않으면서 자유롭다고 생각만 하고 있지는 않은가?
어떻게 사는 것이 자유롭게 사는 것일까?

자유롭게 산다는 것

이 문제와 관련해 떠오르는 인상적인 작품이 있다. 그리스
작가 카잔차키스(N. Kazantzakis, 1883~1957)의 소설 『그리스인
조르바』다. 이 소설은 몇 달간만이라도 책을 멀리하기로 하고
크레타를 향해 출발한 화자 '나'가 조르바라는 한 남자를 알게

되면서 겪은 일들을 써 내려간 이야기로, '나'가 관찰한 조르바를 통해 어떻게 사는 것이 자유롭게 사는 것인지를 그리고 있다. 소설의 주인공 조르바는 실존인물이다. 카잔차키스는 나중에 자서전에서 주린 영혼을 위해 오랜 세월 책에서 빨아들인 영양분의 질량과 겨우 몇 달간 조르바에게서 느낀 자유의 질량을 돌이켜 볼 때마다 책으로 보낸 세월이 억울해서 격분과 마음의 쓰라림을 견디지 못한다고 고백한다.

조르바는 자유인이다. 자유인에게는 강요가 허용되지 않는다. 그는 하고 싶은 것만 하며 산다. 하고 싶지 않은 것은 하지 않는다. 인간에게는 무언가를 할 권리뿐만 아니라 하지 않을 권리도 있다. 그것도 자유에 속한다. 조르바는 가끔 악기를 켜 달라는 '나'의 부탁에 다음과 같이 대꾸한다. "기분 내키면 켜겠지요.……마음이 내켜야 해. 분명히 해둡시다. 나한테 윽박지르면 그때는 끝장이오. 결국 당신은 내가 인간이라는 걸 인정해야 한다 이겁니다." 내가 "인간이라니, 무슨 뜻이지요?" 하고 묻자 조르바는 이렇게 답한다. "자유라는 거지!"

인간은 자유다. 이 말은 무슨 뜻일까? 자유가 인간의 실존 조건이라는 말이다. 자유는 추상이 아니라 신체의 행위를 통해 실현되어야 한다. 조르바에게 자유는 행위여야 하고 그 행위에 장애가 되는 것은 척결되어야 한다. 이런 생각은 녹로(일종의 물레)를 돌리는 데 왼손 집게손가락이 걸리적거린다는 이유로 그 손가락 절반을 손도끼로 자르는 행동에서 단적으로 드러난다. 조르바의 자유는 구체적이고 실천적이다.

조르바는 '나'에게 책과 언어에 갇히지 않기를 권한다. 책과 언어는 사람을 우유부단하게 하며 어떤 것의 노예로 만들어 모험하지 못하게 한다. 자유는 책과 언어에 갇혀 있는 정신이 아니라 부단히 새로운 것을 찾아 나서는 신체에 있다. 인간의 생각은 본래 보수적이다. 생각은 '저울질'한다. 저울질하다가 세월을 다 보낸다. 자유로운 삶은 저울질을 하지 않는다. 직감적으로 움직인다. 생각은 '왜?'를 묻지만 행동은 '왜?'를 묻지 않는다. 왜를 따지지 않아야 모험을 할 수 있다. 그래서 나는 이렇게 말한다. "조르바는 내 내부에서 떨고 있는 추상적인 관념에 따뜻하고 사랑스런 살아 있는 육체를 부여했다. 조르바가 없으면 나는 다시 떨게 되리라."

개인의 자유는 국가 발전의 원동력이다

자유는 기본적으로 욕구다. 자유로워지고자 하는 욕구다. 자유는 욕구의 출발점이면서 동시에 목적지다. 자유는 원칙적으로 나 개인의 자유다. 하지만 내가 공동체에 속하는 한에서 자유를 추구하는 혹은 실천하는 나의 행위는 나를 둘러싼 공동체의 요구와 충돌할 수 있다. 그럴 경우 공동체를 위해 내 자유를 포기하는 것이 옳은가? 아니면 내 자유를 지키기 위해 공동체가 양보하는 것이 옳은가?

이 문제에 대해 영국의 공리주의자 밀(J. S. Mill, 1806~1873)은『자유론』에서 이렇게 말한다.

글자 그대로 유일하게 가치 있는 자유는 우리가 다른 사람에게서 그들의 행복을 뺏으려고 하거나, 행복을 얻으려는 그들의 노력을 방해하지 않고 우리들 자신의 행복을 우리들 자신의 방식으로 추구하는 자유이다.

각 개인은 신체적이든 정신적, 영적이든 자신의 건강을 책임진 수호자다. 인류는 각자 자기가 좋아하는 생활방식을 서로 허용함으로써 이익을 얻는 것이, 다른 사람들이 좋다는 생활방식을 강요해서 얻는 것보다 훨씬 큰 이익을 얻는 방법이다. (최요한 옮김, 홍신문화사, 2011, 26쪽)

밀이『자유론』을 집필할 당시 영국 사회는 공동체의 이익을 위해 개인의 자유는 희생을 감수해야 한다는 분위기가 팽배해 있었다. 하지만 밀은 개인의 자유를 제한하기보다 개인의 자유를 허용하는 것이 사회 발전에 실질적으로 기여한다고 본다. 개인의 자유의지를 공동체의 뜻에 맞추기보다는 개인이 공동체의 울타리에 갇히지 않고 자기에게 유익한 일을 하도록 국가가 최대한 보장하는 데에서 인류의 발전을 기대할 수 있다는 것이다.

> 인류가 개인적이든 또는 집단적이든, 누군가의 행동의 자유를 간
> 섭할 경우에 정당하다고 간주되는 유일한 방법은 자기 방위(self-
> protection)라는 것이다. 즉 문명사회의 구성원에게 그의 의지에
> 반해서 정당하게 권력을 행사할 수 있는 유일한 방법은 다른 사
> 람에 대한 위해(危害)의 방지이다. (21쪽)

밀이 『자유론』의 서론에서 사회가 개인에 대해 당연히 행
사할 수 있는 권력의 본질과 한계를 문제 삼으려 한다고 밝힌
까닭도 같은 이유다.

밀에 따르면 타인에게 해를 입히지 않는 범위에서 개인에
게 자유를 보장하는 길이 결과적으로 공동체에도 이익이 된
다. 개체성(individuality)은 집단성(collectivity)에 선행해야 한
다. 대부분의 사람이 행하고 있는 것을 따르기만 해서는 참신
한 생각에 이를 수 없다. 참신한 생각은 혁신의 근간이다. 참
신한 생각은 집단이 아니라 개인에게서 비롯하며 이를 통해
사회는 새로운 길을 모색할 수 있게 된다. 타인의 생각을 반
복하거나 확대재생산하기만 해서는 역사의 발전을 꾀할 수
없다. 독자적인 개인의 자유로운 사고와 행동을 국가는 최대
한 보장해야 한다. 개인을 집단의 구심점으로 결속시키기보

다는 반대로 그 구심점에서 자유롭게 하여 개성을 인정하고 권장할 때 국가는 개인의 독창적인 사고 활동에 힘입어 발전한다.

개인의 자유는 최대한 보장되어야 한다는 각국 헌법의 원칙은 밀의 견해가 반영된 것이다. 미국 헌법의 전문(前文)에는 "우리와 우리의 후손들에게 자유의 축복을 확보할 목적으로 이 헌법을 제정한다"고 쓰여 있고, 우리 대한민국 헌법 전문에는 "자유와 권리에 따르는 책임과 의무를 완수하게" 한다고 되어 있으며 헌법 제2장은 주로 국민이 자유로울 수 있는 권리에 관해 기술하고 있다. '자유민주주의'라는 말에 드러나 있듯이 자유는 인간이 공동체의 삶을 영위하는 데 필수적으로 요구되는 사항이 아닐 수 없다.

실현할 수 없는 자유는 짐이다

자유는 세계사적으로 근대국가의 출현과 밀접하게 관련되어 있다. 중세의 봉건적인 체제를 타파하고 근대 자유민주주의의 초석이 된 프랑스혁명이 내세운 세 이념인 자유, 평등, 박애에서 자유는 맨 앞자리를 지키고 있다. 그런데 근대에 이르러 자유가 출현했지만 인간은 이를 어떻게 향유해야 할지 알지 못했다. 이 문제의 심각성을 포착한 저술이 프롬의 『자유로부터의 도피』다. 이 책에서 프롬은 중세에서 탈피해 근대에 이르러 출현하는 '개인'의 문제를 통해 인간이 얼마나 쉽게 자유를 포기하는지를 보여 준다. 중세에는 '개인'이 없었으므로 '자유'를 포기한다는 게 불가능했다. 갖지 않은 것을 포기할 수는 없는 법이다.

프롬의 표현을 빌리자면 인간이 공동체의 일원으로 살아가는 동안 "그는 자신이 그 구성에서 확고한 위치를 차지하는 구조화된 전체에 속하며, 거기에 뿌리를 내리고 있다. 그는 굶주림이나 억압으로 고통받을지는 모르지만, 모든 고통 중에서도 가장 참기 어려운 고통─완전한 고립과 의심이라는 고통은 맛보지 않는다." 그런데 공동체에 소속된 일원으로서가 아니라 이제부터는 각 개인이 자신의 행위에 스스로 책임을 져야 하는 상황에 처하자 개인은 갈 곳을 잃게 된다. 자신을 속박하고 있던 것으로부터 자유를 얻어 개인이 되었으나 자신의 개체성을 실현하지 못하는 한 그 자유는 "회의(懷疑) 그 자체가 되며 의미와 방향을 상실한 삶이 되어 버린다."

프롬은 이러한 상황에 놓인 개인이 이제껏 그를 가두었던 속박'으로부터'는 자유롭지만, 자신을 다스리고 자신의 개체성을 실현하는 일'에 대해서는' 자유롭지 못하다고 지적하면서 '~(으)로부터의 자유(freedom from ~)'와 '~(으)로의 자유(freedom to ~)'를 구별한다. 그리고 전자를 소극적 자유(negative freedom), 후자를 적극적 자유(positive freedom)라 칭한다.

프롬은 소극적 자유의 사회심리학적 기제를 불안, 공포, 고독으로 특징짓는다. 자유로워지면 심리적으로 불안정해지고, 외부의 공격에 무방비 상태로 노출되는 것 같아 무섭고, 어디에도 속하지 못한 것 같아 외로움을 느낀다는 것이다. 다라본트 감독의 영화 〈쇼생크 탈출〉(1995)에서 주인공과 함께 쇼생크 감옥에 수감되어 있다가 형기를 다 채우고 출소한 브룩스가 자살하게 되는 것도 이런 맥락에서 이해할 수 있다. 브룩스는 젊은 시절 전부를 감옥에서 보낸 장기수다. 그는 쇼생크에서 새도 키우고 주인공 듀프레인을 도와 도서관 일도 하는 등 교도소가 자기 집처럼 익숙한 인물이었다. 그런데 복역 기간이 끝나 출소한 뒤 소위 '사회생활'에 전혀 적응하지 못해 결국 자살을 선택한다. 그는 감옥으로부터는 자유를 얻었으나 그 자유를 바깥세상에서 실현하는 일에 대해서는 자유롭지 못했다. 브룩스의 선택은 매우 극단적이기는 하나 그만큼 자신에게 주어진 자유를 향유할 수 없는 개인이 느끼는 무력감과 고독감의 고통이 크다는 점을 영화는 강조한다.

프롬은 다음과 같이 말한다. "그들은 '~(으)로부터의 자유'라는 무거운 짐을 계속 지고 있을 수가 없다. 그들은 소극적인 자유에서 적극적인 자유로 나아갈 수 없는 한, 결국 자유로부터 도피할 수밖에 없다." 나는 자유를 원하지만 진정한 자유를 누리기란 쉬운 일이 아니다. '자유는 거저 주어지지 않는다(Freedom is not free).' 자유는 그 자체로는 연약하다. 모든 길이 열려 있다는 것은 아무 길도 열려 있지 않다는 것과 같다. 그래서 밖으로부터 조그만 길이라도 열리면 그쪽으로 개인은 움직이고자 한다. 내가 새로운 길을 만들기보다 나에게 제시되는 길에 편승하는 게 편하기 때문이다. 바로 이 점 때문에 자유는 외부의 힘에 의해 이용되고 억압당하기 쉽다.

프롬은 소극적 자유의 짐이 주는 고통에서 벗어나기 위해 그 자유로부터 도피하는 방법에는 두 가지가 있다고 말한다. "고독과 무력감에서 도피하려고 할 때 우리는 새로운 형태의 권위에 예속하든가, 이미 이루어진 양식에 강제적으로 순응함으로써……개인적 자아를 제거한다." 전자의 방법은 파시스트 국가에서 일어났던 것과 같은 지도자에의 예속이고, 후자의 방법은 민주주의 국가에 널리 보급되고 있는 '인간의 자동인형화(automatization of man)'다.

프롬은 '새로운 형태의 권위에 예속하는' 대표적인 예로 나치즘의 심리를 분석한다. 그의 견해에 따르면 독일 나치의 출현은 우연이 아니다. 나치의 전체주의적 국가주의는 독일의 개인들이 자기의 자유를 양도할 대상을 찾다가 만난 '깃발'이다. 즉 나치라는 깃발은 독일 국민이 자유의 짐을 벗어 버리고자 부지불식간에 선택한 도피처다. 자유 앞에서의 고독과 무력을 절감하면서 자신의 자아를 지탱해 나갈 수 없게 되자 개인적 자아의 독립을 포기하고 자기의 자유를 양도할 수 있는 대상을 찾아 나선 결과다. 그렇게 함으로써 그들은 개인적 자아가 갖지 못했던 힘을 자신이 복종하는 강력한 권위를 통해 누리려 한다.

자유로부터의 두 번째 도피 메커니즘은 프롬이 현대사회에서 정상적인 개인들이 대부분 택하고 있는 길이라고 지적한 것으로 개인이 자기 자신이 되기를 그치고 자동인형이 되어 버리는 길이다.

그는 일종의 문화적인 양식에 의해 부여되는 성격을 완전히 받아들이고, 다른 모든 사람들과 전적으로 동일한, 그리고 다른 사람들이 그 자신에게 기대하는 그런 상태로 변화된다.……이 메커니즘은 어떤 동물에서 찾아볼 수 있는 보호색과 비교할 수 있다. 그런 동물들은 주위의 상태와 완전히 흡사해짐으로써 주위와의 구별을 어렵게 하여 자신을 보호한다. 개인적인 자아를 버리고 자동인형이 되어 주위 수백만의 다른 자동인형과 동일해진 인간은 이미 불안이나 고독감을 느낄 필요가 없다. 그러나 그 대신 그가 지불한 대가는 혹독하게 비싼 것으로, 그것은 바로 자아의 상실이다. (원창화 옮김, 홍신문화사, 2011, 157쪽)

진정한 자유를 실현하려면 자기를 잃지 않아야 한다. 외부의 권위에 자기를 내맡기는 것도 위험하지만 자기를 둘러싼 세계의 암시에 걸려 자기를 잃어버리고 자동인형이 되어 버리는 것은 더 위험하다. 자본주의 사회의 상술(商術)을 생각해 보라. 개인을 최대한 존중하는 척하면서 실제로는 기업의 광고와 홍보에 맞춰 특정 상품을 구매하도록 교묘하게 이끌고 있지 않은가? 마치 개인이 자유의지에 의해 자발적으로 상품을 구매하는 것처럼, '자기의 결정'으로 상품을 구입한 것처럼 착각하게 만든다. 사정이 이러하니 내가 무언가를 정말 원하는지, 아니면 그것을 원한다고 믿고 있는지 모를 지경이다.

최근 종종 언급되고 있는 '결정 장애 세대(generation maybe)'의 문제도 개인이 적극적으로 실현해야 할 자유를 실현하지 못하고 있는 문제와 연관지어 이해할 수 있다. 물론 예게스(O. Jeges, 1982~)가 《벨트(WELT)》지에 기고한 글에서 이 용어를 사용한 것은 선택지가 너무 많아 오히려 선택하지 못하는 문제를 지적한 것이긴 하지만, 엄밀하게 따져 볼 때 아무리 선택 가능성이 많아도 독자적으로 선택할 수 있는 능력이 있다면 결정 장애를 겪지 않을 것이다. 가령 누군가와 식사 약속을 했다고 하자. 외출할 때 무엇을 입을 것인지 고르는 일부터 식당에서 먹고 싶은 음식을 선택하는 일까지 혼자서 결정하기 힘들다면, 이는 밀이 『자유론』에서 지적한 대로 개인의 자발성을 상실한 인간이 "마침내는 자기의 본성을 따르지 않은 결과로, 스스로 따라야 할 본성조차도 갖지 못하게 되어 그들의 인간적인 여러 가지 능력이 시들어 말라 버린" 결과가 아니겠는가?

적극적 자유와 자발성

자기를 얽어맨 속박에서 벗어난 개인이 그로 인한 고립감과 무력감을 극복하는 보다 긍정적인 방법은 적극적인 자유를 실현하는 일이다. 프롬은 모든 적극적인 자유는 통합된 성격의 자발적 행위 속에 존재한다고 말한다. 그리고 자발적 활동을 다음과 같이 정의한다.

자발적인 활동은 자아의 자유로운 활동이며, 심리적으로는 라틴어 어원(sponte) 그대로의 뜻, '자신의 자유의지'를 의미한다. 우리는 활동을 '무엇인가를 하는 것'이라고 생각하지 않고, 인간의 감정적이고 지적인 그리고 감각적인 여러 경험 속에, 또한 인간의 의지 안에서 작용할 수 있는 창의적인 활동이라고 생각한다. (215쪽)

적극적 자유는 곧 자아실현이다. "자아실현으로서의 적극적인 자유는 개인의 독자성을 충분히 긍정한다"와 "모든 자발적인 행위를 통하여 개인은 세계를 품에 안는다. 그의 개인적 자아는 손상되지 않은 채 남아 있을 뿐만 아니라 더욱 강해지고 확고해진다. 왜냐하면 자아는 적극적일수록 강하기 때문이다"는 말은 프롬의 생각을 잘 드러낸다.

프롬이 말하는 적극적 자유 개념이 오늘날 개인이 처한 자유의 문제 상황과 관련해 어느 정도의 방향을 제시했다는 점은 간과할 수 없다. 우리는 모두 '나'의 자유를 말하면서도 나를 억압하는 상황에서 벗어나려고 한다는 점에서 소극적인 자유만 추구할 뿐 개성적으로 그리고 자발적으로 나를 찾고 계발하려는 노력을 게을리하고 있기 때문이다. 또한 속박으로부터 자유로워지고도 그에 따른 불안과 고립감을 견디기 어려워 새로운 형태의 속박으로 뛰어들 위험성에 대한 경고는 우리가 처한 현실에 대한 자기반성을 촉구한다는 점에서 충분히 가치 있다.

하지만 프롬의 자발성 개념은 개인적 측면만을 지나치게 강조하고 있다는 한계를 지닌다. 그가 자발성의 윤곽을 포착할 수 있는 대표적인 예로 예술가와 아이들을 든 것이나, 사랑과 일이 우리가 적극적 자유를 실현할 방법이라고 제시한 것은 자유의 의미를 사회심리학적 측면에 국한해서 고찰한 결과다. 『자유로부터의 도피』의 적지 않은 부분이 개인의 신경증적인 증상을 사례로 다루고 있는 것이 이를 입증한다. 그래서 자유의 의미를 좀 더 넓게 철학의 보편적인 영역으로 확

대해 생각해 볼 필요가 있다.

자유와 법 제도

자유의 참된 의미는 많은 철학자의 관심사였다. 여기에서는 자유가 개인의 사회적 삶 안에서 실현되는 실천적인 문제라는 점에 주목해 독일 관념론의 완성자 헤겔의『법철학』을 살펴보기로 한다. 헤겔은 자유의 문제를 앞서 언급한 밀의 공리주의나 프롬의 사회심리학의 측면과 다른 시각에서 접근한다. 그는 자유를 법 제도와 관련해 이해하기 때문이다. 법 제도라는 말 자체가 경직적이고 권위적으로 들려 자유를 억압하는 쪽으로 생각하기 쉬우나 실상은 그 반대다. 헤겔에게 법은 자유의지의 현존재이다. 여기서 자유의지는 자유롭고자 하는 의지라는 점에서 의지의 자유를 뜻한다. 헤겔은 자유의지를 인간 정신의 특성으로 파악하고 인간 정신의 자유의지가 밖으로 드러난 결과가 곧 법 제도라고 말한다. 내가 자유롭고자 하는 의지를 지닌 것은 내가 정신적인 존재이기 때문이다. 그런 의미에서 인간의 자유는 동물적인 본능이나 신체적인 욕구와 구별되는 이념적인 것이다. 어떤 근거에서 이렇게 생각할 수 있을까?

욕구 혹은 의지라고 하면 보통 감각적 혹은 감성적인 것으로 이해해 이성적인 것과 구별하곤 한다. 이성은 이타적이고 타협적일 수 있는 데 반해 개인의 욕구나 의지는 이기적이라고 평가된다. 이러한 생각은 의지 혹은 욕구를 이성과 구별하는 종래 홉스 유(類)의 자연법사상에 잘 드러나 있다. 홉스의 자연법사상에서는 개인의 욕구를 통제하는 힘을 개인의 의지 밖에 있는 이성에서 끌어들인다. 자연 상태의 인간 존재를 '만인에 대한 만인의 투쟁'이라고 묘사한 홉스의 유명한 말에서 짐작할 수 있듯이 자연 상태에서 인간은 각자의 욕구를 충족하고자 하므로 평화를 누릴 수 없다. 평화를 누리기 위해서는 사회적 질서, 다시 말해서 사회적으로 통용되는 일반 규범이 필요한데 이는 이성을 통해 발견된다는 것이다.

헤겔은 욕구 혹은 의지와 이성의 관계를 대립적으로 보지 않고 상호 의존적인 것으로 파악한다. 인간은 사유하는 존재이고 사유의 근간에는 이성이 자리 잡고 있다. 사유하는 이성은 그 자체로 정적(靜的)인 실체가 아니라 스스로 운동함으로써 자기를 드러낸다. 운동에는 이성의 의지가 작동한다. 이성도 욕구와 의지를 지닌다. 의지나 욕구는 이성과 통한다. 이성이 의욕 하는 성향을 지닌 한에서 이성과 감성은 서로 구별되지 않는다. 이성의 의지는 자기를 유한한 형태로 구성한다. 이성은 자유가 목적이다. 이성은 자유의 이념을 실현하려는 의지를 지닌다. 이는 도덕과 인륜으로 나아가는 근간이 된다. 여기서 개인의 주관적 의지는 이성에 힘입어 자기를 객관화한다.

헤겔의 『법철학』에서 개인의 의지 또는 욕구는 그 자체가 이성적 성향을 띠고 있어서 자유의 이념을 실현할 수 있는 근거가 된다. 인간은 이성의 자유의지를 바탕으로 신체적 욕구가 지향하는 방향이 아니라 자신에게 바람직하다고 판단되는 방향을 향해 나아간다. 그런 점에서 헤겔의 법은 이성적인 당위와 연결되어 있는 이성법이라고 할 수 있다. 이러한 생각의 실마리를 헤겔은 그의 선행자인 칸트에게서 빌려 온다.

하지만 헤겔은 칸트의 자유 개념이 이념으로서는 훌륭하지만 구체적인 내용이 없어 공허하다고 비판한다. 칸트의 자유 개념에 대한 헤겔의 비판은 칸트의 도덕 개념에서 출발한다. 헤겔에 따르면 칸트의 도덕은 지나치게 형식적이다. 헤겔은 칸트가 자유의지를 인간의 도덕적 의지 가운데에서 최상의 것으로 제시하긴 했지만, 그것을 구체적으로 어떻게 실현할 수 있는지의 방법론을 제시하지 않았다고 지적한다. 결국 자유에 대한 칸트의 도덕철학은 추상적인 보편주의에 그침으로써 경험적인 세계에서 요구되는 구체적인 규정에까지 이르지 못해 '자유로워야 한다'는 도덕적 당위(Sollen)에만 머물 뿐 현실성이 부족하다는 것이다.

헤겔은 진정한 자유를 위해서는 자유를 누릴 수 있는 구체적인 틀이 필요하다고 생각한다. 그 구체적인 틀이 곧 법 혹은 법 제도다. 법과 제도는 일반적으로 개인의 행위를 제한하고 구속하는 부정적인 것으로 생각하기 쉬우나 헤겔의 경우는 그렇지 않다. 법 제도는 체계(System)라는 점에서 일견 자유(Freiheit)와 충돌하는 것처럼 보이지만 헤겔은 체계와 자유를 하나로 본다. 체계를 통해서만 자유는 실현될 수 있다. 법 제도는 개인을 구속하는 족쇄가 아니라 오히려 개인의 자유롭고자 하는 욕구를 실현해 줄 수 있는 안전장치다. 의지 또는 욕구와 이성이 동일한 한에서 이성이 욕구하는 것을 구체적인 법 제도의 형태로 만들 때 그 안에서 인간은 구체적인 자유를 누릴 수 있다는 것이다. 따라서 자유와 관련해 '~에서 어떻게 벗어날 것인가'가 아니라 '어떻게 ~을(를) 통해 자유로울 것인가'가 관건이다.

도로에 신호등이 없다고 가정해 보자. 신호등이 설치되지 않은 도로에서 개인들에게 적당히 눈치껏 자유롭게 길을 건너다니라고 주문한다면 어떻게 될까? 이렇게 되면 모든 이가 자유로울까? 처음에는 마음대로 길을 건널 수 있다고 좋아하겠지만 시간이 지날수록 불안에 떨지 않을 수 없을 것이다. 차가 어느 방향에서 어떤 속도로 달려오는지를 확인하기 위해 두리번거리기 일쑤일 것이다. 하지만 신호등을 설치하면 어떤가? 비록 빨간불이 켜져 있는 동안은 아무리 급한 일이 있어도 멈춰 서서 기다려야 한다는 불편은 따르겠지만 초록

불이 켜지면 달려오던 자동차가 정지할 테니 나는 안심하고 길을 건널 수 있다.

신호등은 법 제도 같은 것이다. 법 제도는 지키지 않는 사람에게는 불편하지만 지키는 사람에게는 안전과 자유를 선사한다. 법 제도라는 틀은 나를 구속하기 위해서가 아니라 나를 자유롭게 하기 위해서 제정된 것이다. 법 제도가 인간의 이성적 판단에서 비롯한 체계일 경우 나는 기꺼이 그 체계에 따를 의향이 있다. 그 체계를 통해 나는 자유롭게 행동할 수 있기 때문이다. 자유는 현실에서 향유되어야 하고 그러기 위해서 자유는 구체적 제도의 형태를 띠어야 한다.

무엇을 통해 나의 자유의지를 실현할 것인가에 초점을 맞추면, 나는 어떤 법 제도를 원하는가의 문제가 전면으로 부상할 수밖에 없다. 한 사회의 구성원이 자유로운가 그렇지 않은가는 순전히 그 사회의 법 제도가 얼마나 개인의 자유를 보장하느냐에 달려 있다. 자유는 당위적 이념이 아니라 국가 구성원들이 실제로 자유롭게 뜻을 펼칠 수 있는 구체적 체계에 의해 뒷받침될 수 있어야 한다. 자유의 문제는 체계의 문제이다. 그래서 한 국가의 법 제도는 그 국가 국민이 누리는 자유의 척도가 된다. 의회와 사법부가 국가 성원의 자유를 최대한 보장할 수 있는 법 제도를 정립하고 이를 공정하게 적용해야 하는 이유가 여기에 있다.

자유는 그 자체가 목적이긴 하지만 거기에 '무엇을 통해 어떻게 자유로울 것인가' 하는 문제를 간과해서는 곤란하다. 틀에서 벗어나서 무엇을 어떻게 할 것인가? 이 물음에 답하지 못하면서 무조건 자유를 주장하는 태도는 공허하고 무책임하다. '자유' 자체가 아니라 '자유롭게 무언가 하면서' 살 수 있을 때 비로소 '나는 자유롭다'고 할 수 있지 않은가. 그런 점에서 소극적 자유보다 적극적 자유가 자유의 진정한 의미를 실현하기 위해 더 큰 비중을 차지한다.

그러므로 자유는 '틀'과의 관계 문제를 떠나서 생각할 수 없다. '너는 자유다'라는 명령을 받고 '자유로운 몸'이 되었다고 해서 내가 바로 자유로워지지는 않는다. 나를 구속하던 틀을 벗어나 틀 밖으로 나온 것만으로 나의 자유가 실현되지 않는다. 중요한 것은 그 '밖'도 하나의 '틀'이라는 사실이다. 내가 자유롭고자 하는 의지를 수용할 수 있는 다른 틀이 주어져야 한다. 나는 자유를 누릴 틀을 다시금 찾아 나서야 한다.

자유는 단순한 방면(放免)이 아니다. 고삐 풀린 망아지처럼 자기를 아무렇게나 굴리는 방탕불기(放蕩不羈)도 아니다. 어딘가에서 무엇인가를 하지 않으면 자유는 의미를 잃는다. 그래서 인간은 자유가 주어지는 순간 무언가로 향하지 않을 수 없게 된다. '자유' 그 자체는 무한히 열린 가능성을 담보하지만 무한한 가능성은 단지 가능성에 지나지 않을 뿐 실제에서 나는 어느 한 방향으로 가지 않으면 안 된다. 자유로워지는 순간 나는 다시 어떤 틀 안으로 들어가고자 한다. 그렇게 하지 않으면 생활할 수 없기 때문이다.

아무런 틀이 없다면 어떤 제약도 없으니 자유로울 것처럼 보인다. 하지만 그런 세상은 실상 약육강식의 논리가 지배하는 험악한 세상일 것이다. 약자를 보호할 수 있는 장치가 없다면 약자에게 야생은 생존을 위협당하고 공포에 떨어야 하는 곳이다. 그런 것에서 자유를 누릴 수는 없다. 인륜적 존재로서의 인간 세계에는 질서유지를 위한 제도적 장치가 필요하다. 질서가 유지되는 한에서만 개인의 자유는 확보될 수 있다. 인간은 인간을 위한 질서 안에서만 자유롭게 살 수 있고, 이는 인간 이성의 의지에 힘입어서만 확보할 수 있다. 문화와 법 제도는 모두 인간의 이러한 염원에서 비롯한 산물들이다.

/

자유를 꿈꿀 수 있는 권리는 누구에게나 있다. 하지만 자유의 꿈을 실현하는 일은 다른 문제다. 자유에의 열망만으로 자유를 누릴 수는 없다. '나는 자유다'와 '나는 자유를 원한다'는 다른 문제이며, '나는 자유를 원한다'와 '나는 자유롭게 살고 있다'는 다른 문제가 아닌가? 자유가 당위에 그치지 않기 위해서는 내가 무엇을 원하는지, 원하는 것을 실현할 수 있는 구체적인 방법이 무엇인지를 깊이 생각해야 한다. 그렇지 않으면 내가 생각하는 자유는 공허하다.

자유롭고자 하는 자는 무조건 어떤 것에서 벗어나고자 하는 소극적 자유가 아니라 자신이 원하는 것을 실현할 수 있는 구체적 방법을 강구하는 적극적 자유를 지향해야 한다. 틀에서 벗어나거나 틀을 깨는 것보다는 자유를 누릴 수 있는 틀을 만드는 일이 진정한 자유를 누리는 데 급선무다. 진정 자유롭게 살 수 있으려면 나는 타인이 만든 틀에 머물지 않고 나를 자유롭게 할 수 있는 틀을 찾아 무소의 뿔처럼 홀로 묵묵히 나의 길을 개척해 가야 한다.

덧붙이는 말

세상에 '좋은 이야기'는 넘친다. '좋은 이야기'가 적어서 내 삶이 빈곤한 건 아니다. 세상의 모든 '좋은 이야기'는 사실 '내 것'이 아니라 그 말의 출처인 '그의 것'이다. '좋은 이야기'를 듣거나 읽는 것만으로 그 이야기가 '내 것'이라고 착각하기 쉽다. 그 말을 듣고 이해하기 때문에 내가 마음만 먹으면 언제든지 그 말대로 살 수 있다고 생각하지만, 그건 사실이 아니다. 내가 '좋은 것'을 알고 있다는 사실만으로 그것대로 사는 것은 아니다. 아는 것과 행하는 것은 다른 문제이기 때문이다.

내 삶을 실질적으로 변화시켜 만족감과 행복감을 주는 최종주자는 지식이 아니라 '행위'이다. 내가 '좋은 이야기'를 알고 있어도 이를 내 몸에 붙여 습관화하지 않으면 '내 것'이 아니다. 행위로 이어지지 않는 '좋은 이야기'는 사태에 대한 나의 태도 변화와는 무관한 그저 '하나의 이야기'에 지나지 않는

다. '좋은 이야기'가 태도 변화로 이어지기 위해서는 좋은 이
야기를 사태에 밀착시켜 반복적으로 적용해야 한다. 삶의 변
화는 생각에서 시작하나 행위로 매듭지어진다. 반복적인 행
위에 따른 누적은 내 안에 새로운 길을 각인시켜 사태에 대한
나의 태도를 변화시킬 수 있다.

　행위의 중요성은 여기서 그치지 않는다. 행위는 내가 걱정
해야 할 것과 걱정하지 않아야 할 것을 판별하는 기준이 된다.
'좋은 이야기'는 내 삶을 반성하게 한다. 반성은 새로운 태도
의 습득을 위해 필요하다. 그런데 문제는 '좋은 이야기'가 나
의 현재 상태를 어둡게 만든다는 데 있다. '좋은 이야기'든 '좋
은 이미지'든 나는 그 '좋은 것' 앞에서 나의 상태나 상황을 부
정적으로 평가하게 된다. 그러나 내가 현재 암울한 상황에 놓
여 있다고 해도 이 상황 자체가 당장 바뀔 수 있는 성질의 것
이 아니라면 이 상황을 두고 고민하거나 절망할 필요가 없다.

　삶의 변화를 위해 현재의 내가 처한 상태나 상황을 인정하
는 태도는 필수적이다. 나는 내가 처해 있는 상황에 대해 고
민하느라 많은 시간을 허비한다. 건강, 돈, 직장, 지식, 외모
등에 부족과 불만을 표시하며 어두운 일상을 보내곤 한다. 하
지만 '나의 열악한 상태'는 일시적 걱정과 고민의 대상일 수는
있어도 지속적으로 걱정하거나 고민할 대상은 아니다. 현재
상황을 단번에 변화시킬 수 없다면 걱정한들 아무것도 달라

지지 않을뿐더러 오히려 상황을 더 악화시킬 공산이 크다. 반복적인 걱정은 상황에 대한 부정적인 심리를 증폭시켜 상황을 개선하는 데 필요한 에너지를 감소시키기 때문이다.

내가 처한 상태나 상황은 고민이나 절망의 대상일 수 없다. 고민이나 절망이 사태를 개선하지는 않기 때문이다. 고민하고 절망해야 할 대상은 나의 상태가 아니라 나의 행위이다. 불만스러운 상태에서 벗어나기 위해 내가 지금 무엇을 어떻게 행위하고 있는가가 초점이다. 예를 들어 '나는 몸이 아프다'가 아니라 '아픈 몸에서 벗어나기 위해 나는 무엇을 행하고 있는가'가 관건이다. 불만스러운 상태에 있으면서도 걱정만 하고 상황을 개선하기 위해 아무런 노력을 기울이지 않고 있다면 그런 나에 대해 절망해야 한다. 하지만 불만스러운 상태를 개선하기 위해 지금 구체적인 노력을 기울이고 있으면 나에 대해 실망하거나 절망할 필요가 없다. 노력으로 상황을 변화시킬 수 없는 일이라면 그 상황을 담담하게 수용하는 태도가 지혜롭다. 불치의 병이나 죽음 등이 여기에 속한다.

'내 삶 살기'에서 핵심은 '내가 처한 상황을 인내하며 살아가기'가 아니라 '어려운 여건에도 불구하고 이를 인정하고 변화시키기 위해 구체적으로 행위하기'에 달려 있다. 절망해도 좋은 대상은 '열악한 처지에 있는 나'가 아니라 '열악한 처지에서 벗어나기 위해 구체적으로 행위하지 않고 있는 나'이다.

내 삶의 의미는 '행위'를 통해서만 확보된다. '행위'만이 내 삶을 새롭게 만들 수 있다. 아렌트(H. Arendt, 1906~1975)는 말한다. "인간이 행위할 수 있다는 사실은 예상할 수 없는 것을 그에게 기대할 수 있다는 것과 또 매우 불가능한 것을 그가 수행할 수도 있다는 것을 뜻한다." 그런 의미에서 삶에 새로운 활력을 넣고 내 안의 잠재력을 일깨우기 위해 나는 '나의 처지'가 아니라 지금까지 '나의 행위'를 반성의 대상으로 삼아야 한다.

'행위하기'는 말처럼 쉽지 않다. 행위란 신체를 수반하는 활동인 한에서 일정한 긴장과 고통을 수반하기 때문이다. 하지만 세상일 대부분은 안 해서 못하는 것이지 못해서 안 하는 게 아니다. 조금씩 천천히 움직이다 보면 거의 모든 대상이 움직이기 마련이다. 사태를 그르치는 건 항상 조급함이다. 높은 산에 오르듯 느리지만 확실하게 한 발 한 발 움직이다 보면 어느새 목적지에 이른다. 삶의 시간은 목적지에 이르기에 충분히 길다. 속도보다 방향이, 양보다는 질이 삶에서 중요할진대 내 삶을 진행하는 데 하등 서두를 이유가 없다. 시간은 나의 목적을 달성하기 위한 조건 혹은 수단에 지나지 않는다. 시간을 정해 거기에 나의 목적과 노동을 맞추기보다는 그 반대가 현명하다. 졸속으로 지은 건물은 당장 편의를 제공하긴 하나 수명이 오래 가지 못한다. 나의 길을 제대로 가는 데 걸리는 시간의 문제는 '내 길을 잘 가고 있는가' 하는 사실의 문제에 비하면 사소하고 부차적이다.

　행위에는 항상 일정한 긴장과 고통이 따르긴 하지만 어떻게 행위하느냐에 따라 긴장과 고통을 대폭 완화할 수 있다. 장자의 『장자』에는 이런 일화가 소개되어 있다. 문혜군(文惠君)은 요리사가 소를 각 뜨는 솜씨가 훌륭해 감탄한다. 요리사는 그에게 소를 각 뜨는 요령을 아뢴다. "원칙에 의거해서 짐승의 신체구조를 따라 뼈마디와 공동(空洞) 사이로 칼날을 굴리나이다. 뼈마디에는 언제나 틈이 있사옵고 식칼 날은 얇아서 그 틈으로 들이밀어도 두께가 없이 쉽게 집어넣을 따름이옵니다. 그 틈에서는 식칼 날이 넉넉히 움직이게 되나이다." 요리사는 자신의 의지가 아니라 소의 결에 따라 칼을 움직인다는 것이다. 결에 따르면 힘이 거의 안 들지만 결에 거슬리면 힘이 많이 든다. 모든 사물과 사태에는 보이지 않는 결 혹은 길[道]이 있어서 그 길을 따라 움직이면 상대의 저항으로 인한 나의 수고와 시간을 훨씬 줄일 수 있다. 의욕에 차 무턱대고 새로운 길을 개척하려 애쓰기보다는 이미 있지만 아직 드러나지 않은 길을 찾아 따라가는 것이 자연스럽고 경제적이다.

참고문헌

Böll, Heinrich, "Anekdote zur Senkung der Arbeitsmoral," der Norddeutsche Rundfunk, 1963.

Marquard, Odo, *Apologie des Zufälligen*, Reclam, 1986.

Mead, George Herbert, *Mind, Self & Society*, W. Morris(ed), The Chicago University Press, 1974.

Peirce, Charles S., *Collected Papers of Charles Sanders Peirce*, The Harvard University Press, 1960.

"Rigweda," *Chaos und Ordnung*, G. Küppers(ed), Reclam, 1996.

가스통 바슐라르, 『촛불의 미학』, 이가림 옮김, 문예출판사, 2001.

게오르크 빌헬름 헤겔, 『대논리학』, 임석진 옮김, 지학사, 1983.

_____, 『법철학』, 임석진 옮김, 지식산업사, 1990.

_____, 『역사 속의 이성』, 임석진 옮김, 지식산업사, 1992.

_____, 『정신현상학』, 임석진 옮김, 한길사, 2005.

공자, 『논어』, 박일봉(편역), 육문사, 1996.

노르베르트 엘리아스, 『문명화 과정 1·2』, 박미애 옮김, 한길사, 1996.

니코스 카잔차키스, 『그리스인 조르바』, 이윤기 옮김, 고려원, 1991.

대니얼 디포,『로빈슨 크루소』, 김병익 옮김, 문학세계사, 1997.

도스토옙스키,『죄와 벌』, 채대치 옮김, 동서문화사, 1974.

레이몽 라디게,『육체의 악마』, 원윤수 옮김, 민음사, 2014.

르네 데카르트,『성찰』, 양진호 옮김, 책세상, 2011.

마르셀 프루스트,『잃어버린 시간을 찾아서 1~11』, 김창석 옮김, 국일미디어, 2002.

마르틴 하이데거,『기술과 전향』, 이기상 옮김, 서광사, 1993.

_____,『존재와 시간』, 이기상 옮김, 까치글방, 1998.

막스 뮐러,『독일인의 사랑』, 차경아 옮김, 문예출판사, 1994.

모리스 메를로 퐁티,『지각의 현상학』, 류의근 옮김, 문학과지성사, 2002.

미셸 세르,『헤르메스』, 이규현 옮김, 민음사, 1999.

미셸 투르니에,『방드르디 태평양의 끝』, 김화영 옮김, 민음사, 2012.

미하엘 엔데,『모모』, 한미희 옮김, 비룡소, 2006.

바실리 칸딘스키,『예술에서의 정신적인 것에 대하여』, 권영필 옮김, 열화당, 2000.

빅터 프랭클,『죽음의 수용소에서』, 이시형 옮김, 청아출판사, 2005.

빌헬름 라이프니츠,『형이상학 논고』, 윤선구 옮김, 아카넷, 2010.

서머싯 몸,『달과 6펜스』, 송무 옮김, 민음사, 2006.

손무,『손자병법』, 유동환 옮김, 홍익문화사, 2005.

신동흔,『살아 있는 우리 신화』, 한겨레신문사, 2005.

아놀드 조셉 토인비,『역사의 연구』, 홍사중 옮김, 동서문화사, 1976.

아멜리 노통브,『적의 화장법』, 성귀수 옮김, 문학세계사, 2014.

알랭 드 보통,『우리는 사랑일까』, 공경희 옮김, 은행나무, 2013.

얀 마텔,『파이 이야기』, 공경희 옮김, 작가정신, 2005.

에드문트 후설,『시간의식』, 이종훈 옮김, 한길사, 1996.

에른스트 카시러,『상징형식의 철학 1·2』, 박찬국 옮김, 아카넷, 2014.

_____,『인간이란 무엇인가』, 최명관 옮김, 전망사, 1979.

에리히 프롬,『사랑의 기술』, 황문수 옮김, 문예출판사, 2013.

_____,『자유로부터의 도피』, 원창화 옮김, 홍신문화사, 2011.

오비디우스,『변신이야기 1·2』, 이윤기 옮김, 민음사, 2006.

요한 볼프강 괴테, 『빌헬름 마이스터의 수업시대』, 안삼환 옮김, 민음사, 1999.

───────, 『젊은 베르테르의 슬픔』, 박찬기 옮김, 민음사, 1999.

───────, 『파우스트』, 정서웅 옮김, 민음사, 1999.

윌리엄 골딩, 『파리대왕』, 유종호 옮김, 민음사, 2006.

윌리엄 제임스, 『심리학의 원리』, 정양은 옮김, 아카넷, 2005.

임마누엘 칸트, 『순수이성비판』, 최재희 옮김, 박영사, 1977.

───────, 『판단력 비판』, 백종현 옮김, 아카넷, 2009.

자크 데리다, 『해체』, 김보현(편역), 문예출판사, 1996.

자크 라캉, 『욕망 이론』, 권택영 외 옮김, 문예출판사, 1994.

장 보드리야르, 『소비의 사회』, 이상률 옮김, 문예출판사, 2002.

장자, 『장자』, 김동성 옮김, 을유문화사, 1968.

장 자크 루소, 『고독한 산책자의 몽상』, 방곤 옮김, 서문당, 2005.

제인 오스틴, 『오만과 편견』, 윤지관·전승희 옮김, 민음사, 2014.

존 스타인벡, 『에덴의 동쪽 1·2』, 정회성 옮김, 민음사, 2013.

존 스튜어트 밀, 『자유론』, 최요한 옮김, 홍신문화사, 2011.

증삼·자사, 『대학·중용』, 한상환(역해), 동서문화사, 1978.

지그문트 프로이트, 『문명 속의 불만』, 김석희 옮김, 열린책들, 2004.

───────, 『예술, 문학, 정신분석』, 정장진 옮김, 열린책들, 2009.

───────, 『정신분석학의 근본 개념』, 윤회기·박찬부 옮김, 열린책들, 2004.

최인훈, 『광장·구운몽』, 문학과지성사, 1978.

카를 만하임, 『이데올로기와 유토피아』, 임석진 옮김, 청아출판사, 1991.

칼릴 지브란, 『예언자』, 정창영 옮김, 물병자리, 2014.

칼 포퍼, 『역사주의의 빈곤』, 이석윤 옮김, 지학사, 1975.

───────, 『열린사회와 그 적들』, 이한구 옮김, 민음사, 2006.

토마스 만, 『마의 산』, 홍성광 옮김, 을유문화사, 2014.

───────, 『토니오 크뢰거 외』, 박종서 옮김, 정음사, 1976.

토마스 쿤, 『과학혁명의 구조』, 조형 옮김, 이화여자대학교 출판부, 1980.

파울로 코엘료, 『베로니카 죽기로 결심하다』, 이상해 옮김, 문학동네, 2003.

───────, 『연금술사』, 최정수 옮김, 문학동네, 2001.

파트리크 쥐스킨트, 『향수』, 강명순 옮김, 열린책들, 1999.

프랜시스 베이컨, 『신기관』, 진석용 옮김, 한길사, 2002.

프리드리히 니체, 『차라투스트라는 이렇게 말했다』, 정동호 옮김, 책세상, 2003.

플라톤, 『국가』, 박종현·천병희 옮김, 휘문출판사, 1972.

_____, 『향연』, 천병희 옮김, 숲, 2016.

한스 게오르그 가다머, 『진리와 방법』, 이길우 외 옮김, 문학동네, 2012.

헤르만 헤세, 『데미안』, 전영애 옮김, 민음사, 2000.

헤시오도스, 『신통기』, 김원익 옮김, 민음사, 2003.

헨리 데이비드 소로, 『월든』, 강승영 옮김, 이레, 2005.

나를 찾아가는 철학여행

1판 1쇄 펴냄 2018년 10월 15일
1판 2쇄 펴냄 2020년 5월 29일

지은이 유헌식
펴낸이 김정호
펴낸곳 북스코프

책임편집 박수용
교정 신상미
마케팅 이총석
디자인 박진범, 이대웅
일러스트 이우일
제작·관리 박정은
독자 리뷰 김소윤, 박진, 서빈,
안은옥, 안지민, 한유정

출판등록 2006년 11월 22일(제406-2006-000184호)
주소 10881 경기도 파주시 회동길 445-3 2층
전화 031-955-9511(편집) 031-955-9514(주문)
팩스 031-955-9519
전자우편 editor@acanet.co.kr
홈페이지 www.acanet.co.kr
페이스북 www.facebook.com/bookscope

ⓒ 유헌식, 2018

ISBN 978-89-97296-69-9 03100

이 저서는 2015년 정부(교육부)의 재원으로 한국연구재단의 지원을 받아 수행된 연구임
(NRF-2015S1A6A401010065)

이 도서의 국립중앙도서관 출판예정도서목록(CIP)은 서지정보유통지원시스템 홈페이지
(http://seoji.nl.go.kr)와 국가자료공동목록시스템(http://www.nl.go.kr/kolisnet)에서
이용하실 수 있습니다. (CIP제어번호 : CIP2018031630)